世界は広い

サガミホールディングス 会長兼 CEO
鎌田 敏行

中経マイウェイ新書 053

目次

はじめに

連載は2019年9～10月でしたが、本書の発刊には2年かかってしまいました。記憶違いの修正や写真の整理、ルーツ調べなどに思いのほか時間がかかったものです。

表題は「世界は広い」としました。訪問先の国・地域が3桁に達しましたが、先々で多くの出会いと学びがありました。そして、日本の中でもその時その時に身を置いている会社・業界に於いて日々新たなことを学んでいるのですが、知らないことの多さ、学ぶ喜びを感じているからであり、また、その気持ちを持って視野広く経営に当たって来たつもりではあるからです。

アメリカの詩人で実業家、教育者でもあるサミュエル・ウルマンの「青春の詩」に「青春とは人生の一時期のことを言うのではなく、希望を持つ限り青春だ。希望を失った時に初めて老いるのだ」という一節があります。これは個人でも組織でも同じなのかもしれません。

振り返ってみると、自分では昔から「やるならトコトン」と考えて一つ一つ取り組んできたつもりではありましたが、これは気持ちだけで、結果として環境に流され続けている「行き当たりばったり人生」だったことが分かります。ただ、目標を低くすればそれなりの歩みとなったかとも思われるので、自分としては常に希望や目標を持って来たこと自体には意味があったことだろうと考えることにしています。

訪問先の数が多いのは単に放浪癖があるからですが、一方、新たなことへの挑戦は続けてきたようにも思います。「考えて、信じて、夢見て挑戦する」とはウォルト・ディズニーの言葉だそうですが、やはり、これからもこうした気持ちを持ち続けたいと考えています。

株式会社サガミホールディングスは外食企業としては東証で6番目、名証では最初に1部に上場し、２０１７年に東証・名証1部上場20周年を迎えました。２０１８年に社名を株式会社サガミチェーンから変更、２０１９年に新本社を開設し、２か所に分かれていた本社機能を1ヵ所に集約しています。２０２０年は創業50周年の記念すべき年でした。私が古希を迎えた２０１９年、「マイウェイ」執筆の機会を頂戴しました。これまでに出合った多くの方々に感謝しつつ、自分なりには「やるならトコトン」をモットーに歩んできた半生を振り返らせていただきます。

筆者近影

第1章　旅のはじまり

生い立ち

１９４９（昭和24）年3月25日、私は埼玉県浦和市（現さいたま市）の自宅で生まれた。予定日は4月だったが、１週間ほど早く出てきたらしい。いわゆる団塊の世代だ。

曾祖父の鎌田冲太《ちゅうた》は鹿児島市草牟田の出身。現地では「そうむた」ではなく「そんた」と言っていたらしい。西郷隆盛とも近く、書を貰ったりしたそうだ。「冲太《おきた》」と誤記されているが、「埼玉人物事典」によると戊辰戦争で戦功を挙げ、埼玉県に移り住んだ。１８８４（明治17）年に埼玉県本署の警部として近代史上最大の農民蜂起とされる秩父事件の鎮圧に当たり、86（明治19）年に第４代秩父郡長になったが、事件には同情的だった。冲太の著した「秩父暴動実記」は事件の重要な史料の一つとされているようだ。家紋は丸に十の字を基としたものだ、島津家から賜ったと伝わっている。

京セラ創業者の稲盛和夫氏を塾長に仰ぐ盛和塾に入れていただいていたが、ある時、新幹線で数列前に塾長がおられたので、丁度読んでいた氏のご著書にサインを頂戴しながら、曽祖父の出身地の話をした所、ご出身は隣町だとお話しくださり、不思議なご縁を感じたものだ。

祖父の松磨は東京市役所勤務で、皇紀2600年に当たる1940（昭和15）年に開催予定だったオリンピックを担当していた。祖父の机は当社会長室のものよりも大きく、相応の地位だったようだ。私はそれを今でも東京の自宅で使っている。

父の充夫《みちお》は東京市麻布区（現港区）箪笥町で生まれ、その後埼玉県浦和市に移り住んだ。戦局の悪化に伴い、大学を1年繰上げ卒業となって学徒出陣で入営した。軍隊では過酷な軍事教練が続く中、銃剣を失くしたことがあった。見つからなければ銃殺されるかも知れないほどの重罪だったそうだ。皆でいくら探しても見つからないので、先祖に「自分がもし鎌田家にとって必要な人間であれば、ぜひ見つけさせて下さい」と心の中で祈ったところ、キラッと光るものが目に入ったそうだ。父が終生先祖を大切にしていたことは言うまでもない。銃剣が見つかっていなければ私は生まれていなかったかもしれないので、私も先祖を大切にしている。

父の軍隊生活は初年兵の下積みで始まり、3年で終戦となって中尉で復員している。海外には行かなかったが、常時生死の岐路に立たされているとの自覚があったようで、復員できた限りは自分個人としてなさねばならない社会的使命があるとの哲学を持ち続けていた。

鎌田家の家紋

父、軍服姿

仲睦まじい夫婦

「行け、行け！」父はプロレスが好きだった。日本中が力道山に熱中していた時代だ。いつも興奮しながら見ていた。しかし、東京での試合ぶりが良かったからと、名古屋にも見に行ったところ、ストーリーが東京と全く同じだったと言って帰って来た。「興行」だったのだろう。それ以降はすっかり熱が冷めてしまったようだった。

父と母元子は見合い結婚だ。父は親がもらえというのでもらっただけと言い、母は親が行けというから来ただけと言っていたが、仲睦まじい夫婦で、理想的なカップルだった。父は地元の浦和中学から青森の弘前高校、そして京都帝大に進み、この間ずっと柔道をしていた。そのせいか、テレビ放映される格闘技のプロレスを見るのが好きだったのだろう。

父は1966（昭和41）年に他界したが、1974（昭和49）年6月14日の日本経済新聞の「交遊抄」に弘前高校時代の友人である第一勧銀（現みずほ銀行）の赤川哲也常務が、「七人の猛者」の一人として、鎌田は人柄の良さと真摯な柔道で主将の大役を務めた、と書いてくださっている。

幼い妹がバスに揺られて戻した時には自分の胸で受け止めて床を汚さないように配慮する人だったが、大森駅で女性に暴力をふるっていた男を逆腕にとって警察に連行した正義漢でもあった。後日その女性が浦和の自宅にお礼に来られている。

郷里の埼玉銀行では一選抜で昇進し、苦境にあった八欧電機（現富士通ゼネラル）に出向して常務取締役経理部長として経営再建に当たっていたが、運転手さんに配慮して、京浜東北線の大森駅と川崎の本社の間だけを車通勤としていたのだった。

母は、埼玉県川越市で農業と輸出も手掛けた織物工場を営む地主の家に生まれた。時折母の実家から届く食材に大いに助けられたという。母の実家を訪ねると、その度に祖母から「鉛筆一本」といっては千円のお小遣いをもらえるのが嬉しかった。大宮から出る一両だけの川越線（現在は埼京線の一部）の汽笛は何とも牧歌的で、途中の駅の周りには何もなかった。

私は幼稚園の時に、父の転勤で兵庫県尼崎市に転居した。幼稚園には聖書にまつわる絵本が置いてあり、これを読んでいたせいか、悪いことをする級友を見つけると、先生に「神様は見ているんだよね」と言っていたらしい。母は先生から、「お宅はキリスト教ですか？」と聞かれたという。後にイスラエルで聖地を訪ね歩くことになるが、これが原体験となっている。小学校3年で尼崎から浦和に戻り、市立仲町小学校に転校する。その後埼玉大学教育学部付属小学校の編入の機会があり、6年の時そこに移った。

尼崎の社宅にて父と母

1974年6月14日　日本経済新聞

日経新聞・交遊抄 1974年6月14日

少年時代の「マイブーム」

家ではノートラというトランプと、88という花札が定番で、家族で大いに楽しんだ。父は学生時代、柔道と並んでこれに興じていたという。妹が赤ん坊の頃、泣き止まない時にはお屠蘇を飲ませて寝かせたこともあるくらい熱中し、点数をつけるノートが何冊にもなった程だ。

「ノートラ」とは「切り札なし」という意味なので、トランプ大統領誕生のずっと前から「トランプ」という言葉が「切り札」であることを知っていたことになる。奥の深いゲームだが、家族以外でこのゲームを知っている人に会ったことがないのが残念だ。

花札には配ったカードで既にできている「手役」とゲームの結果できる「出来役」がある。「赤短」や「青短」は両方になる可能性の高い「役」だ。平均

88点のゼロサムゲームで、これを名刺（5貫或いは25点）と白（1貫、5点）黒（1点）の碁石のチップで計算する。きょうだいが3人とも算数や数学を好きになったのはこうした遊びのお蔭なのだろう。

誕生日の祝いに牧野富太郎の植物図鑑を買ってもらったこともあって、植物が好きになり、お小遣いを握りしめてはよく観葉植物やサボテンを買いに行った。メスを買ってきて三角柱という品種に他のサボテンを接ぎ木して無事成長するのが楽しかった。将来は八丈島辺りで観葉植物を育てる仕事に就きたいと思ったものだ。

また、切手の収集にも夢中で、発売日には並んで購入したものだ。シートで買うと値打ちが出ると聞かされ、価格表では毎年値上がりするのを見ては喜んでいた。小遣いはサボテンと切手で消えて行った。しかし、これはどうも買う場合の価格であり、売る場合はかなり値段が下がるらしい。

父はときどき相撲や「簀立《すだ》て」に連れて行ってくれた。海の浅瀬に簀で魚を囲い込み、手づかみで魚をとって船の上で調理してもらうというものだ。ひ孫の数が増えた時に母はこれを是非やりたいと言っていて、船を一艘借り切って実現した時は実に嬉しそうだった。

小学校の頃はピアノに絵画、習字などを習っていたが、どれ一つモノにはならなかった。父は終戦直後とは言え、ネギ80本相当の安月給からスタートして借地だった自宅の土地を買い取り、子供達に習い事をさせたり高校から私立に入れたりと、よくできたものだと思う。仕事柄、株式相場には明るかったが、私には残念ながらこの血は流れていないようだ。

親子４代で「簀立て」後列左から 6-7 人目が筆者夫婦。一人置いて、母・元子

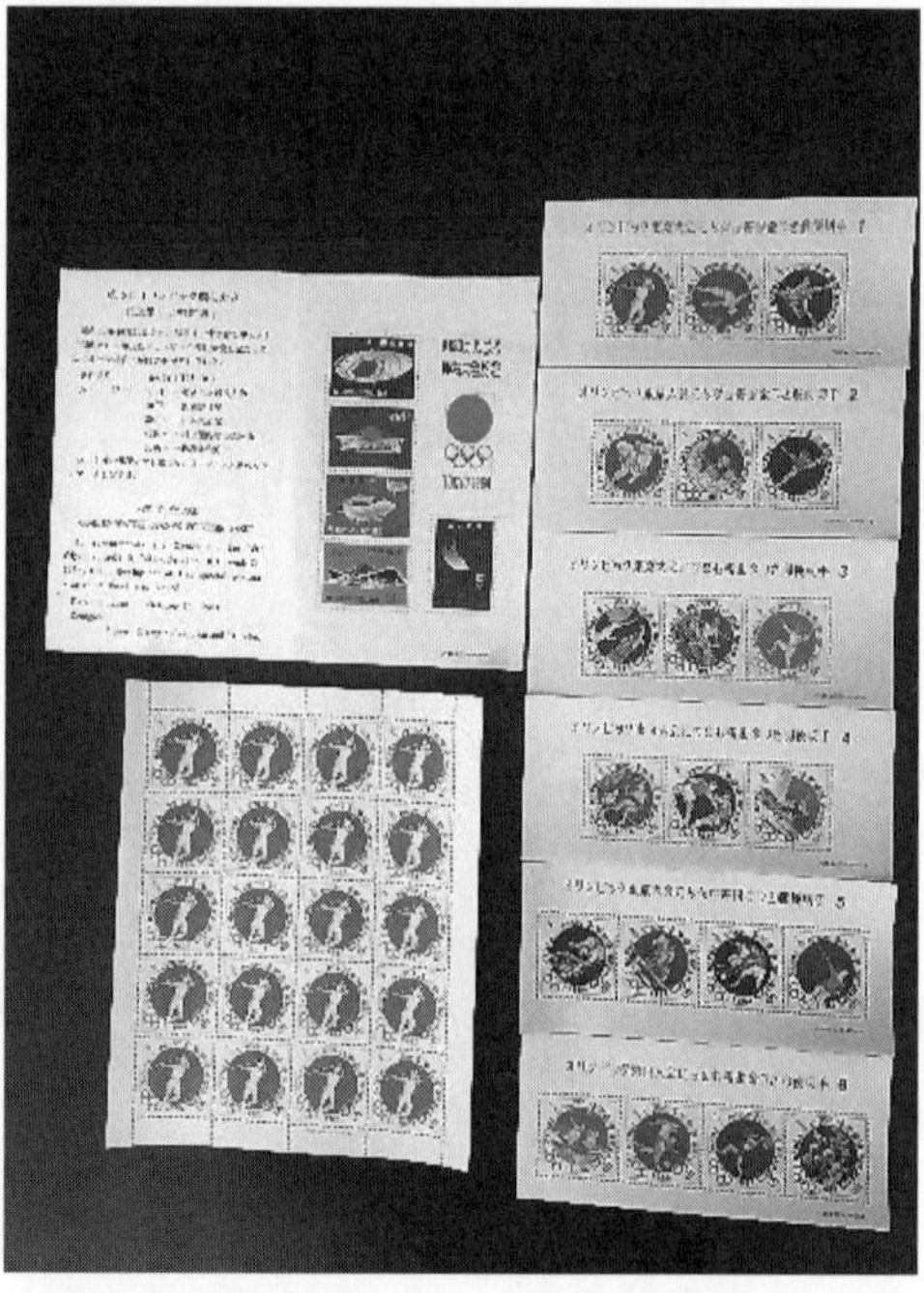

1964 年のオリンピックの切手

父親譲り

「おかしいぞっ！」父の最期の言葉だ。出張先の京都の病院で看護師さんが注射した直後だったので、今から思えば医療事故だったのだろう。埼玉銀行から当時苦境にあった八欧電機（現富士通ゼネラル）に出向していた時で47歳だった。父はヘビースモーカーだったので、これが心筋梗塞の主因だったに違いない。その反動で私は未だにたばこを吸ったことがない。会社でも喫煙撲滅運動の先頭に立っている。

父が急逝した時、妹の伊久子は小学校5年だった。母と妹は「一卵性親子」のように仲がよく、2人が一緒に旧制弘前高校（現弘前大学）に行き、事情を話して昔の写真を見せてもらったことがあった。在学当時のアルバムの一番上を何故か脇に置き、2冊目を開いたその最初のページに父が写っていたそうで、これは父がそうさせてくれたに違いないと2人で話していた。子煩悩な父で、特に妹は待望の女の子だったので猫かわいがりだった。私は17歳で高校3年の時だったが、父は妹に11年でそれ以上の愛情を注いだように思う。早く帰宅したいからと、書類を持ち帰って家で「残業」をしていた。書類を包むのは紫色の風呂敷が定番で、同時にケーキを買ってきてくれるのが常だった。

子どもの頃、寝るときには即興の小話を聞かせてくれ、そこにはフントとフンデンという登場人物がいた。ドイツ語で犬という意味だ。これを毎晩聞くのが楽しみだった。英語の歌も教えてもらい、カタカナで丸暗記したものだ。その内の一つは、最近妹が解読してくれて、かわいい子猫が女王陛下に会いにロンドンに行ったが、椅子の下のねずみに驚いた、といった意味だったことが判明した。

歌は英語だったが、父はドイツが好きだった。タバコは「ピース」とドイツの「ゲルベゾルテ」をよく吸っていた。往年の名映画、「会議は踊る」や「狂乱のモンテカルロ」がお気に入りで、私もドイツビアレストランでは、そこに出てくる「唯一度の機会」や「マドロスの恋」を歌ったものだ。店の歌集に入っていたので、ドイツ好きな日本人の好みだったのだろう。

家にはベートーベンの交響曲全集もあり、よく聴いた。私がドイツ好きになった原点だ。中学校の学芸会だったかで、第九を何人かで歌ったが、その後上野の東京文化会館で年末に何回か、名古屋でも一度日本特殊陶業市民会館フォレストホールの舞台に立っている。勿論、その他大勢のパートだが。

ベートーベン交響曲全集

ゼネラル　追悼号

慶應志木高校

「お先に！」ヒッチハイクの車中から、乗り損なったバスの仲間に手を振った。埼玉大学付属中学校から兄・政稔のいる慶應志木高校に進んでいた。東武東上線志木駅のすぐ傍に学校があり、浦和と志木とは志木街道で一本道。特に、停留所のある付属中辺りからは殆どの車が志木に向かっていた。ここをよくヒッチハイクで通学したのだ。

バスの定期券は持っているのだが、朝は忙しい。時々乗り遅れる。次のバスだと遅刻になるので、必然的にヒッチハイクと相成る。制服制帽姿なので手を上げるとたいていの車は停まってくれる。時間の切迫具合によっては、帽子を取る、走るまねをする、少し走るなどすれば確実だった。大型トラックに乗せてもらうと、他の車を俯瞰するようで、正に大船に乗った感じだった。小型トラックはよく乗せてくれたし、外人の車の事もあった。この体験が後に海外でヒッチハイクをする際に役立つこととなる。

父からは体育会への入部を勧められていたので、馬術部か弓術部のどちらかにしようと思っていた。最初に弓道場を見に行き、そこで入部を決めた。慶應では弓術部という昔ながらの名称を使っており、この名前には愛着がある。私が主将になった時は同期の部員は3人に減っていたが、入部当初は10名近くおり、はごろもフーズ会長の後藤康雄氏も同期だ。夫々の「県代表」として静岡銀行と埼玉銀行を比較したりしたものだ。

弓術部では「やるならトコトン」とばかり練習に打ち込んだ。28メートル先の的に20射で何本的中するかを記録する。洋弓とは違い、点数制ではなく、中《あた》るか外れるかだ。全て中るのを「皆中」といい、一級上の先輩が部で初めてこれを達成した。私はこれを7回達成し、当時の記録保持者であった。

ある時、埼玉県の「県南優勝旗戦」にA、Bの2チームで出場したが、その際、私はBチームだった。トーナメントで主将のいるAチームと対戦することになったが勝ち進み、結局優勝することが出来た。団体戦での優勝は、創部以来初のことだった。

駅前のラーメンがおいしく、練習帰りによく食べたものだが、これが60円だった。コーラ、ファンタが30円、35の時代だ。床屋も60円だったが、当時、米国では床屋は10ドルと聞いていた。1ドル360円時代だから3,600円と60倍だ。隔世の感がある。名古屋での行きつけの床屋は750円なので、私にとって散髪とラーメンは大体同じくらいの価格のイメージとなっている。

道場で弓を射る筆者

1965 年第 17 回「収穫祭」の部員射会で優勝した

練習三昧

「練習は不可能を可能にす」これは上皇さまの皇太子時代に東宮御教育常時参与や慶應義塾長も務めた小泉信三の言葉だ。高校時代は練習に明け暮れたが、その原動力となったのがこの言葉と「弓と禅」だ。

これは、大正時代に来日したドイツ人哲学者のオイゲン・ヘリゲルの著書の訳本だ。禅を愛した米アップル創業者スティーブ・ジョブズの愛読書としても知られている。

ヘリゲルは1924（大正13）年から6年間、東北帝国大学で哲学と古典語を教えた。その間、弓聖とたたえられた阿波研造範士に師事し、日本弓道の修行に精魂を傾けた。その修行の日々が記録されている。

ヘリゲルは、心の中では要は中ればいいのだろうと思っていたが、師範は「違う、『それ』が射るのだ」と教える。何度も破門されそうになりながら疑問をぶつけたヘリゲルに、師範は「それでは今晩道場に来るように」と促す。消灯して漆黒の闇に包まれた道場で、的の前に蚊取り線香1本だけを灯して阿波範士が2本射た。1射目が的の正鵠に命中する。そして何と2射目は1射目の矢筈（弓弦に掛けるところ）を射抜いたのだった。これを見て迷いを吹っ切ることができたヘリゲルは研鑽に励み、自分ではなく『それ』が射る弓道から禅に通じる世界を見い出していく。

これは我々にとって正しくバイブルであった。私は元々ドイツに親近感を感じていたが、「弓と禅」との出会いで「ドイツに行きたい」という思いが募り、これが大学4年の時に休学しての渡独に繋がった。

慶應義塾では二つの中学校にも弓術部があり、両校とも高校は日吉高に進むので高校対抗では日吉高に一日、いや千日の長がある。中学2校を含む4校対抗戦で優勝したこともあるが、日吉からは2軍の参加だった。1軍にはどうしても敵わない。しかし、友情は別だ。日吉には普通の的より小さい8寸的で練習して高的中率を誇った勝田友一君（高校で主将）もいたし、誰からも好かれる人柄で畏友の坂本恒明君（大学で主将）もいた。小泉信三が挙げる、スポーツが若者に与える3つの宝は、「練習は不可能を可能にす」、「フェアプレー精神の体得」、そして「友を得ること」だ。坂本は三菱油化に入社し、三菱グループの弓道場で奥様と巡り合っているが、二人の距離を縮めたのは「弓と禅」だったそうだ。実に残念なことに坂本はがんで早世したが、遺されたご家族と、鎌田家、共通の友人の3家族で韓国のロッテワールドに行ったのは懐かしい思い出だ。

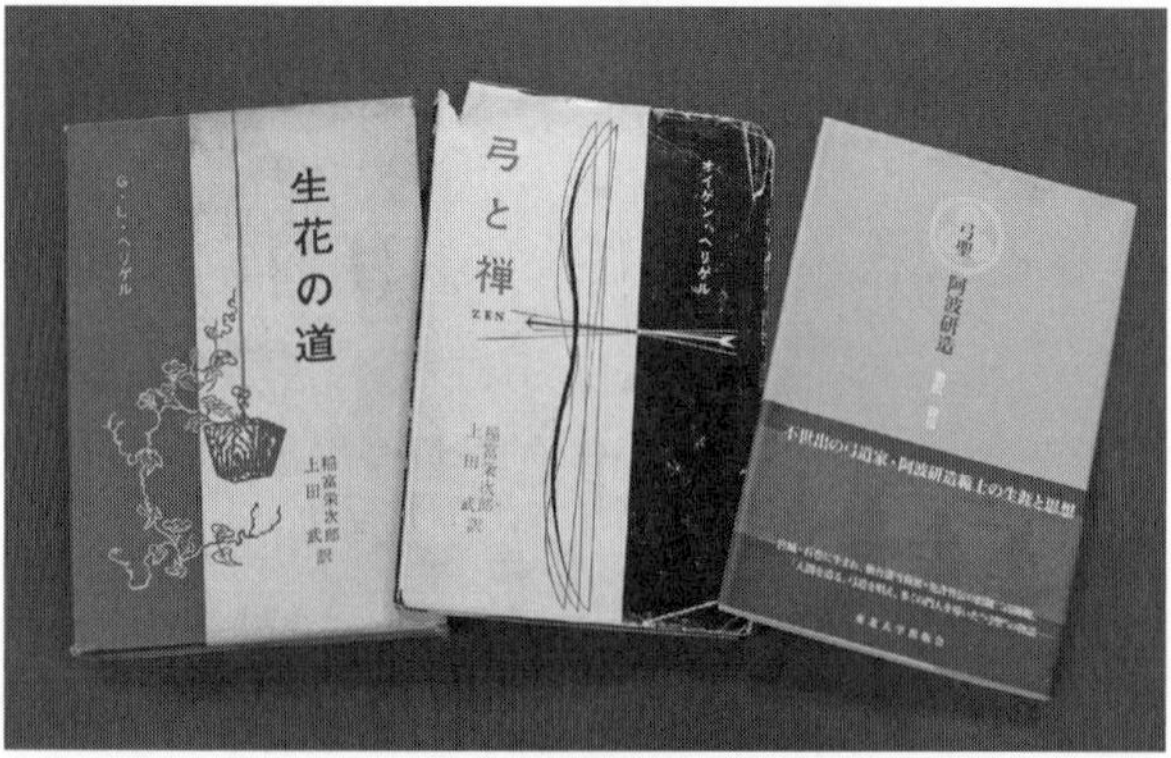

オイゲン・ヘリゲル氏の訳本「弓と禅」など

大学弓術部時代の一コマ
右端が筆者、左端が坂本君

自宅の卓球台

慶應志木高校で兄が卓球部だったので、自宅に卓球台があった。国際規格の卓球台がギリギリ入る部屋なので、前陣速攻中心となる。兄とはずっと同じ学校だったので、試験の期間が重なる。眠気覚ましとばかりに夜中にも試合をしたが、始めると熱中するので、結果としてお互いに試験の点を潰しあっていたのかもしれない。

自宅で毎日のようにやっていたせいか、高校1年の時、同学年の卓球部員で私より強かったのは1人だけという状態だった。その後、イスラエルに行った際に卓球の全国大会の地区予選に出場し、そこでは3位の成績だった。妹は中学時代、県大会の個人戦で優勝しているから、やはり自宅の卓球台のお蔭だったのだろう。

志木高校はかつて農業高校だったこともあり、私の代までは「農芸」という授業があった。通常の授業は6時限までだが、木曜日だけ7時限まであり、2時間続けて農作業をした。この科目は1年で終了となったが、農芸服に学帽という出で立ちが懐かしい。

志木高は敷地内の森の中を野火止用水が流れる自然豊かな環境で、秋の学園祭は「収穫祭」という。農業高校の名残だ。慶應幼稚舎（小学校）の生徒が収穫時期に芋掘りに来ていた。こうしたことが出来るのも、5万坪を超える広大な敷地を電力の鬼と言われた松永安左エ門氏が寄付してくれたからだ。後述する「名古屋ドイツ会」では安左エ門氏が大伯父にあたる松永安彦氏にお会いしたが、氏とは志木とドイツの両方で接点があることになる。

志木高はクラスの数や学生数が日吉高に比べて格段に少なく、志木出身というだけでお互いに強い親近感を感じる。2017（平成29）年の秋、足を挫いて半年間ほど松葉づえ生活だったが、高校卒業50周年の会（ホームカミングデー）が母校で開催されたので、痛みをこらえて顔を出し、懐かしい面々との再会を楽しんだ。親の影響を受けたのか、甥が3人志木高出身だ。

名古屋には「名古屋三田会」という慶應の同窓会があり、規模は東京に次ぐ大きさだそうで、定期的な会合がある。会員名簿を見ると志木高出身者が何人も確認できた。カレーのオリエンタル星野倶広会長、総合セキュリティーのガードリサーチの松本圭一会長を中心に「名古屋志木会」が結成され、事務局を務めている。集まると年齢に関係なく一気に昔に戻れる楽しい会だ。同じ先生からは年代を越えて教わるので、教師の話になると盛り上がる。どこの同窓会でもそうだろうが、一種の異業種交流会でもあり、勉強にもなっているこの会が始まって10年経つが、最近は幹事怠慢により開催できていないので、コロナ禍が明けたら再開するつもりだ。

イスラエル地区予選３位旗と賞状

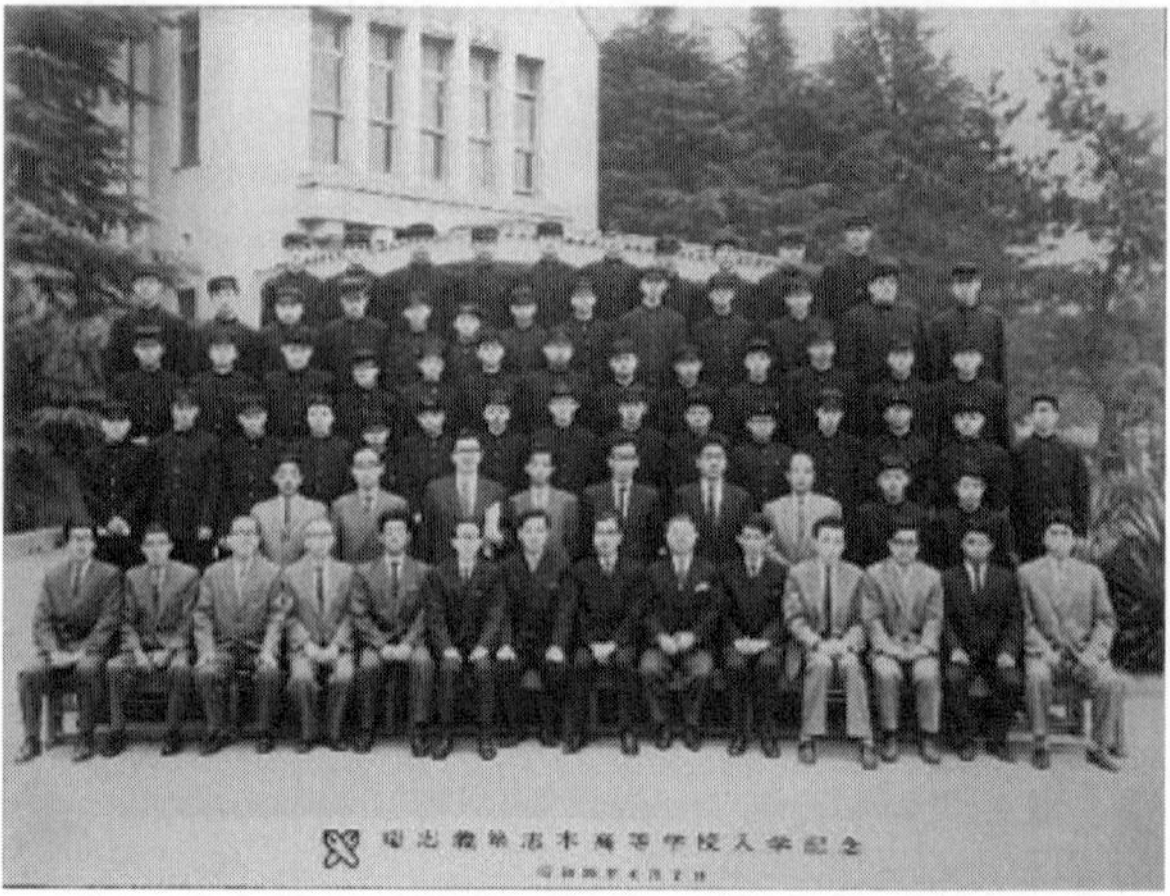

1964 年の入学時、生徒前列左から３人目。この校舎は今はもうない。「名古屋志木会」では教師陣も話題になる。

初めての海外旅行

「どうしちゃったのかな？」　スイスのレストランでメニューを頼んだがなかなか持ってこない。催促すると、もうすぐだから、という。「メニュー」と「タクシー」は万国共通語と聞いていたが、「メニュー」にはドイツ語圏では「定食」の意味もあることを知った。それからの注文は間違いようのないスパゲティが中心となった。

大学2年の時、弓術部から了解をもらって欧州に旅立ったのだった。高校時代の弓術部の友人と2人での珍道中。ナホトカが最初に見た海外だ。

高校3年の時に父が他界したので、私は行かなくてもいいと言ったのだが、母は兄に欧州旅行をさせたのだからとして、大金50万円を私の旅行用に確保してくれていた。欧州旅行は30万円くらいが相場だったので、十分すぎる金額だ。

予算はたっぷりあったが、節約のために、ユースホステル活用はもちろん、「サーバス友の会」という民泊の会に入って一般家庭の家にも泊まらせてもらった。

スイス訪問の目的の一つはアルトドルフに行くこと。ウィリアムテルの故郷とされている。ここで弩《いしゅみ》を手に入れた。矢は2本付いていたが、追加で4本作ってもらった。

一方、夏には欧州各地で音楽祭が開催される。ドイツではワグネリアンのメッカであるバイロイトの人と文通していたので、自宅に泊めてもらい、祝祭劇場で「ニュルンベルクのマイスタージンガー」を見た。初演から丁度100年目となる。チケットは、購入したものの都合で行けなくなってしまった人が開演前に売りに来るので買うことができる。これに味を占め、伊藤忠時代も海外出張の際は時間ができると会食がない限り会場前でチケットを入手して演奏会を楽しんだものだ。こうやって当日の入場券を買えなかったことは一度もない。

義理の従兄がNHKに勤務していたので、モスクワとボンの特派員を紹介してもらい、お世話になった。モスクワの方には事前にお願いしておいて、念願のソ連メロディア社のレコードを入手できた。ソ連軍が占領時にベルリンから原盤を持ち出したとされるもので、当時は「幻のメロディア版」と呼ばれていた。フルトベングラー指揮のベートーベン交響曲第4番だ。

1968年8月、ワルシャワ条約機構軍がチェコに軍事介入した。当時アムステルダムにいたが、ネットもない時代、中心街の広場に大勢の市民が集まって心配そうに意見を交わしていたのが印象的だった。帰路、モスクワに向かうウィーン駅。オーストリアカトリック教会の人からパンとジュースの差し入れがあった。隣国チェコで起こった事件に心を痛めたクリスチャンから、ということだった。このこともあり、クリスチャン、特にカトリックに親近感を抱いている。食い物の影響は大きいのだ。

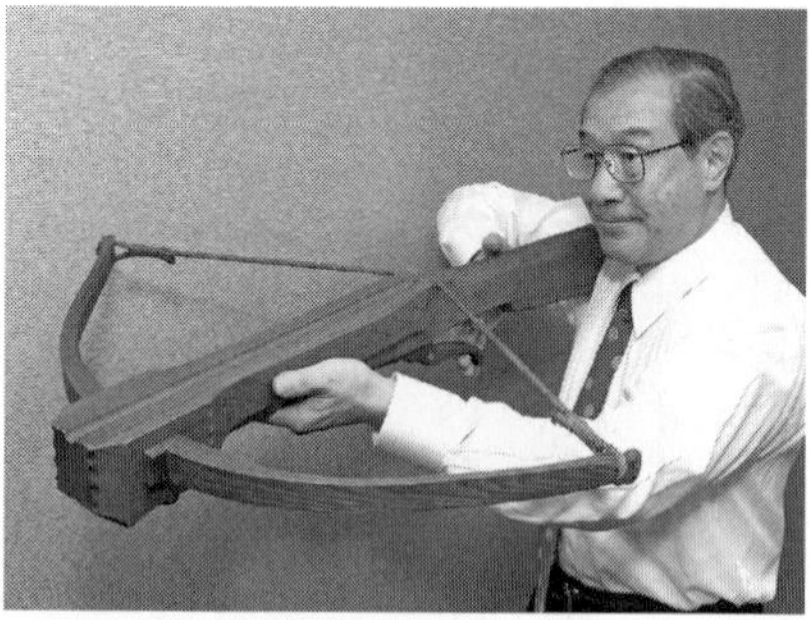

弩

バイロイト祝祭劇場での「ニュルンベルクのマイスタージンガー」新聞、チケットなど。1968年は初演から丁度100年。

ゼミはマル経

「マルクス経済学」というものを知らずに社会に出ていいものかと考え、3年生からの専門課程ではマル経のゼミを選んだ。卒業後にゼミの名簿を見ると、テレビなどでお馴染みの池上彰氏が1年上で、実際ＯＢ会でお見受けしたこともある。4年の時に3年間休学したので、ゼミには都合5年間在籍したことになる。氏は2年後輩ながら卒業は1年先輩だ。ゼミでは何事も「批判的に摂取するよう」北原勇助教授から指導を受けた。

卒論を執筆する際に、一級上の人から助言（という名の批判）を受ける慣習となっていた、池上氏にご指導いただいた可能性があるのだが、私はどなたからの「助言」だったか覚えていない。失礼を顧みずご本人に照会したところ、氏も残念ながらご記憶にないとのことだった。

米原潜エンタープライズ入港反対とかの看板がキャンパスに立てられた時代だ。さすがにマル経だけのことはあって、学生運動の活動家もいたが、私はノンポリ組だった。勉強家も多く、一人は、「林彪報告を読もう」とか、小論文に「逆説的背理における自家撞着の止揚を通じて……」といったことを書く人物で、それは日本語で言うと一体どういう意味なんだ？　と聞いたほどだ。彼は日経に入社し、日経トレンディの初代編集長でもあったが、偶然見たテレビではファッションに就いて滔々と解説をしていたのには驚いた。しかし、今は介護分野のジャーナリストとして知られている。天は二物も三物も与えるものらしい。

ゼミでは助教授の選んだ本を読み込んで議論するのだが、ある時、1ヵ所腑に落ちない箇所があった。「批判的に摂取する」立場から、これは論理的に矛盾するのではないかと発言したら、助教授からは、「原典を読んだか？」と質問された。どうも私の指摘どおりで、その部分は誤訳だったことが判明した。これは助教授にも腹落ちしない部分だったのだろうが、それを原典で確認しておられたのだ。翻訳や孫引きではなく元資料・元データの大切さを学んだ瞬間だ。

卒論は「資源の最適配分に就いて」。ドイツ語で本文100ページ。ヘブライ語の要約を手書き3ページと、日本語の更なる要約を1ページ付けた。詩人で英文学者の西脇順三郎が慶應大学理財学部（現経済学部）の卒論をラテン語で書いて担当教授の小泉信三に提出したと聞いていたが、日本人で卒論を日英以外の外国語2ヶ国語で出した人は少ないことだろう。しかし問題は内容で、私にはとても読み返す勇気がない。ただ、1ページで書けることを100ページに薄める才能はあったのかもしれない。

中央が北原勇助教授と筆者

ドイツ語で書いた卒論

第３外国語

英語はどうしても好きになれず、必要最低限の履修しかしていない。そして評価Aは一つもない。一方、ドイツ語は取り得る限りの授業を4年生まで取り、全てAだった。ドイツ語の先生は東京工業大学でも教鞭をとっておられたので、大岡山キャンパスにも授業を受けにいった。そこでは、ビールを飲むときに歌う学生歌で、ゲーテ作詞のものも教えてもらったりした。エルゴー・ビバームス（さらば飲まん）という曲だ。彼も学生時代にはビール酒場で学生歌を歌っていたのだろう。

第2外国語はドイツ語かフランス語だけの時代で、これは必須だったが、自由選択科目として第3外国語があった。これは選択しさえすればAを貰えると先輩から聞いていたので、積極的に履修した。

ロシア語は2時間続きだったのでAが2個、ラテン語もAだったが、何とギリシャ語はBだった。話が違うではないかとは思ったが、出席率が悪かったので致し方ない。しかし、ギリシャ文字もキリル文字も読めるようにはなったので、ギリシャに行った時やロシアやモンゴルへの出張では多少は役立っている。ちなみに私のサインはロシア語だ。

ラテン語とギリシャ語を形式上は履修し、その後、イスラエルでヘブライ語を学んだことから、古典3語の全てを多少はかじったことになる。日本人としては珍しい部類だろう。ドイツ語の辞書は「木村・相良」のもので、そこには単語それぞれの語源が記載されていた。書かれていた語源は殆どがラテン語とギリシャ語だったので、欧米社会の背景はグレコローマンの文明とヘブライズム（「旧約聖書」の世界）の文化の融合ではないかと考えている。ロシア語、ギリシャ語、ヘブライ語はアルファベットがＡＢＧＤの順になるのが面白い。

語源をたどるのは楽しい。メソポタミアという言葉は「両河の間」を意味するギリシャ語が直接の語源だが、原語であるヘブライ語で書かれた「旧約聖書」の「両河のアラム地方（アラム・ナハライム）」がその元となっている。ラテン語でワインは主格では vinum と言い、第３格が vino になる。ギリシャ語では oinos、ヘブライ語では yayin だ。語源でたどると、アラム語やヘブライ語を含むセム語（セムは方舟で知られるノアの息子の名前）が話されていた、カスピ海の南から東地中海に掛けての広大な地域がワインの原産地ではないかと考えられているようだ。しかし、ワインの原産地をたどるには、ぶどうの品種の起源を探る必要もあるので、これを組み合わせた本が出るのを楽しみに待っているところだ。

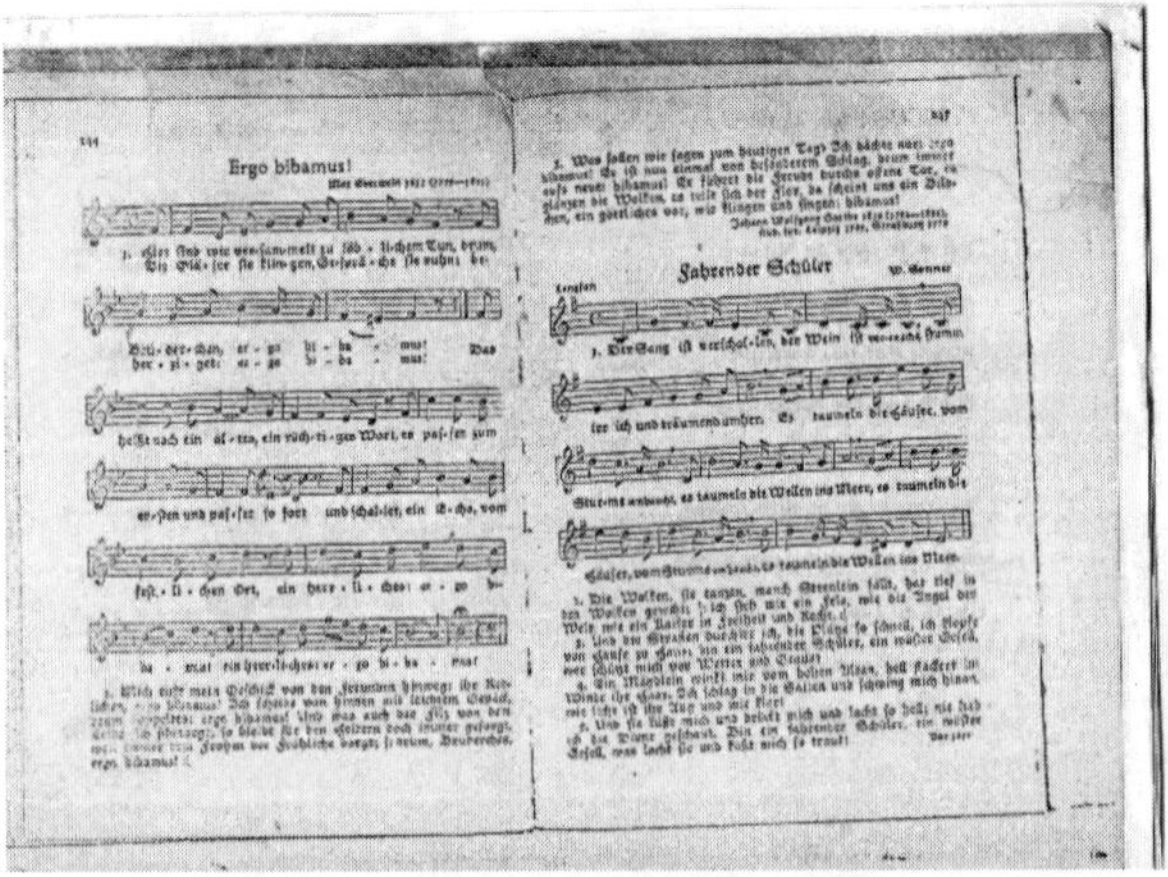

ゲーテ作詞の学生歌 Ergo bibamus

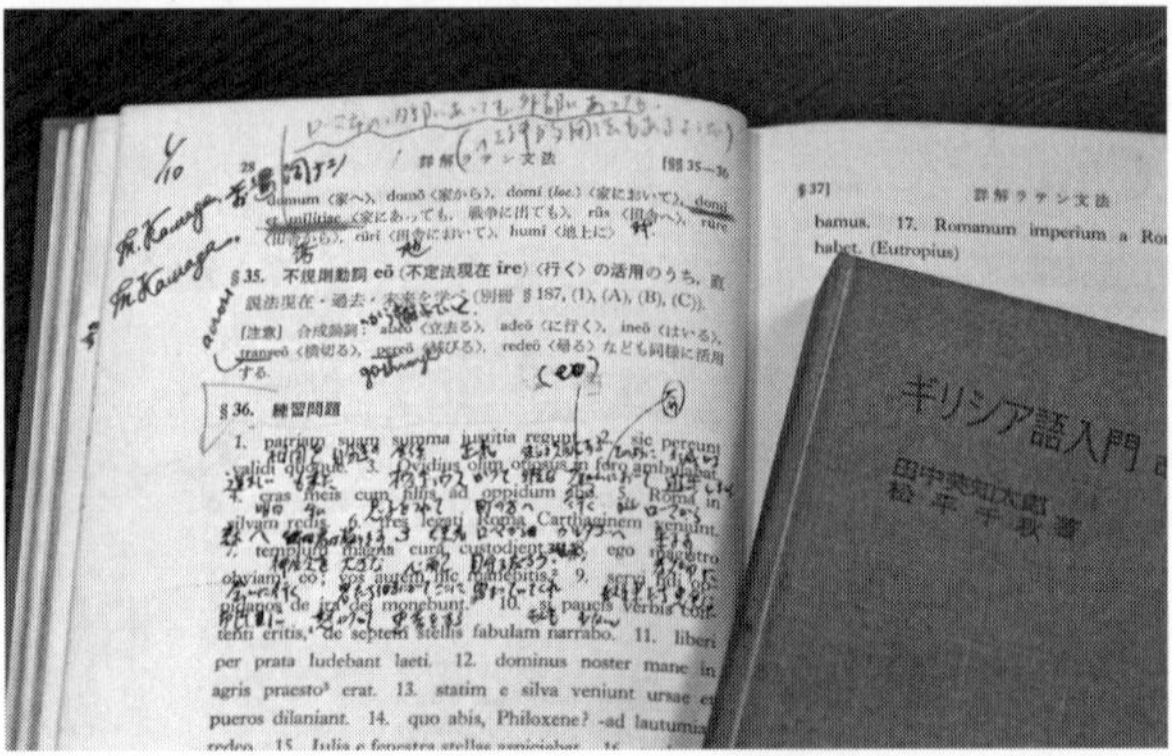

ギリシャ語・ラテン語の教科書

大学4年で休学3年間

「今ならできる、今しかできない。行くか？　行く！」俗に運命の女神は前髪しかないと言われる。チャンスを見逃して、通り過ぎた女神の後ろ髪を掴もうとしても、その後ろ髪がない、という意味だ。人生は一度しかない。

１９６９（昭和44）年６月、西南アジア経由でドイツに行き、２年間企業で働こうと思い立った。大学３年の時だ。それから１年間、準備期間に何をしたか詳細な記録が残っている。東南アジアまでは貨客船が一番安いと知り、色々な海運会社に当たった。同時に、バイクメーカー２社に無償貸与を交渉したが断られた。とにかく少しでも安く行きたいと算段したのだが、結局はアイセックという国際的学生組織の研修で仲間と一緒に欧州に飛んだ方が安価であることが分かり、西南アジアは帰路に通ることにした。

同年9月、慶應義塾の高村象平塾長に切々たる手紙をしたため、最後には「頓首再拝」とまで書いて減免を依頼したが、返信すら貰えず、授業料はおろか、施設使用料まで1円も減免が認められなかった。休学して海外に行くのに、どうやって施設を使うというのだろうか。父が他界した後のことだ。母は女手一つで3人の子供を高校から私学に行かせてくれたが、私の場合は学部だけで7年間だ。この間の授業料を払ってくれた母には感謝してもしきれない。

時は下るが、母をイスラエルに何度か呼び寄せ、遠方ではペルーのマチュピチュやエジプトにも行った。家内と3人でカムチャッカ、アンコールワット、モンゴルなどに行ったのもいい思い出で、母の訪問先は50カ国近くになる。パレスチナのガザに行った高齢女性は少ないことだろう。南極以外の全ての大陸を制覇している。

母は写真が趣味で、常に写真機と三脚を持っていた。イスラエルで私の社宅から撮った写真が県展で入賞するなどし、傘寿で開いた写真展には海外の題材がたくさん入っていた。母は２０２０年８月、95歳で天寿を全うしたが、急を聞いて私が名古屋から駆け付けるのを待っていてくれた。父には風樹の嘆だが、母には少しは孝行できたのではないかと思っている。

大学時代に話を戻すと、慶應大学からは給費奨学金、日本育英会からは特別奨学金を貰い、民間の奨学金もいくつかいただいた。この奨学金を貯め、緑茶販売のアルバイトに精を出した。２度目の欧州行きの軍資金だ。新規顧客を開拓すると３割の報奨金が出る。売上目標の１万円を短時間で達成できたので、効率的で、授業にも影響が少なかった。当時、最も高額のアルバイトはベトナムでの戦死米兵のエンバーミングだと言われていた。一日１５０００円程と聞いたが、私はお茶販売の収入で大満足だった。

母が傘寿に発刊した写真集

テルアビブの社宅から。母の埼玉県展入賞作品。
人物と、見えにくいが右下の鳥も評価されたらしい。

アイセックでドイツへ

ドイツで勤務するのに2ルートあった。電機メーカー、グルンディッヒの工場勤務（バイロイトの友人の紹介）と、国際経済商学学生協会と称したアイセックでの研修だ。これは国際的な学生組織で、海外の企業研修先を紹介してくれた。1969（昭和44）年9月、グルンディッヒに手紙を書き、12月に採用通知が届く。同年12月にアイセックの一次試験があり、合格の連絡をもらった。しかし、その後、ドイツ大使館から単純労働ではビザ発給できない旨の連絡があり、アイセック一本に絞ることとなった。

長期の研修希望を伝えたところ、9ヶ月が最長とのことで、それを受け入れてくれるドイツ銀行ケルン支店が研修先と決まった。1970（昭和45）年6月に、日本を出発。通常の研修は夏休みの約2ヶ月なので、同期生はスーツケースと背広姿だったが、帰路の西南アジアの旅を考え、私だけは背広に寝袋とリュック姿。ドイツの春は日本と違って5月である。モーツァルトの歌曲「春への憧れ」では「5月よ来たれ」と歌われている。梅雨の日本と違い、実に爽やかな季節に渡独したことになる。

後で判ったことだが、1970年の研修生仲間は総計70人ほどで、写真の研修報告にはイギリスで研修された一橋大学の伊藤隆敏氏のお名前もある。テレビや著書などでご高名なコロンビア大学教授・政策研究大学院大学特別教授だ。一度もお会いしたことはないが、「同期」というだけで何か少し誇らしい気持ちになる。

現地では新鮮な驚きに遭遇した。地図帳の末尾の表に、世界最長の川がナイルとあるのだ。私には小学校時代からそれはミシシッピと決まっていたが、これはどうも、時間の経過と共にナイル川の水源が明らかになっていったかららしく、今では日本でもナイルが最長となっている。

さらに新鮮だったのは、就職希望先だ。私は銀行志望だったのでドイツ銀行での研修を受けたわけだが、受け入れ側のアイセック・ケルン地区委員会の人たちと将来を語り合った時、何と委員の一人は国連志望だという。「そんな世界があるのか！」と腰を抜かさんばかりに驚いた。2022年初、国連専門機関で日本人トップが久しぶりに1人誕生する。後述する、1993年に開催された伊藤忠商事の室伏稔社長との懇談会ではイスラエルへの出店と共にFAO（国連食糧農業機関）などへの出向を提案している。国連分担金率に比べて日本人職員比率が低いので、所得税がかからないとされていることもあり、若い人にはもっと挑戦して欲しいものだ。

AIESEC 研修報告と伊藤隆敏氏のページ

ドイツ銀行事務所（右端が筆者）

ドイツ銀行　夜は音楽会通い

「シベリアの先だって？」資本論などの本を陸路で日本に送った時の郵便局員の言葉だ。ドイツ人にとってシベリアは「地の果て」なので、その先に国があるのが信じられないのだ。アイセックの研修ツアーで東ベルリンに入った時、入国料なのだろう、検問所チェックポイント・チャーリーで10ドイツマルク（9００円）を東独マルクに等価で交換させられた。ケルンの駅前にあったヘルシュタット銀行（倒産したが、嘗ては株価のヘルシュタット指数で知られた）本店では西独マルク1に対して東マルクは3だった。それでも、ブランデンブルク門近くの本屋で見つけた資本論が驚くほど安価だったので、全3巻を「独露辞典」などと共に買い求め、それを日本に送ったのだった。10マルクで本を買い、尚お茶を飲むお金が残った。「ドクロ」辞典は名前につられて購入したのだが、この50年間開いたことはない。

ドイツ銀行で最初の配属は調査部。部長は博士号を持つ、見るからに教養溢れる紳士然とした方で色々と解説してくれた。同じ部署で博士号を持つ新卒社員の給与は、私の伊藤忠商事での初任給の数倍だった。

ドイツはユニバーサルバンキングシステムなので、銀行に証券部門がある。そこでの研修で驚いたのは、戦前の企業の株式や債券が旧通貨のライヒスマルク建てでいくつも上場されていたことだ。東独に残した資産がドイツ統一の際に価値を持つということだった。既に解体されてバイエルやヘキストなどになっていた巨大化学トラスト、イー・ゲー・ファルベンは株式ではなく清算債券だ。その債券や、ドイツ銀行などの旧株式を記念に買い求めた。１９９０年のドイツ再統一の際に価値が出たのか、はたまた紙屑になったのか確認せずに今も持っている。お金に換算できない大切な思い出だ。

夜は、週に3回は音楽会。最も高い席が学生証提示で3・5マルク（約300円）になる。ピアノのクリストフ・エッシェンバッハやハンス・リヒターハーザー、指揮者のオイゲン・ヨッフムや若杉弘、オルガンのカール・リヒターなどのサインが残っている。カラヤンの演奏は聴けずじまいだったので、ベルリンの友人に頼んでサインだけ入手した。「剣の舞」で知られるハチャトリアンはロシア語と英語でサインしてくれた。

バス・バリトンの大橋国一氏は歌劇「魔笛」のザラストロを演じたら世界で5本の指に入ると言われた大御所で、ケルンのご自宅に呼んでいただいたこともある。オペラハウスの隣がオーデコロン「4711」の本店なので、トイレにはいい香りが満ちていた。オーデコロンとは「ケルンの水」という意味で、ナポレオンが占領した際の第4地区711番地がその由来だ。

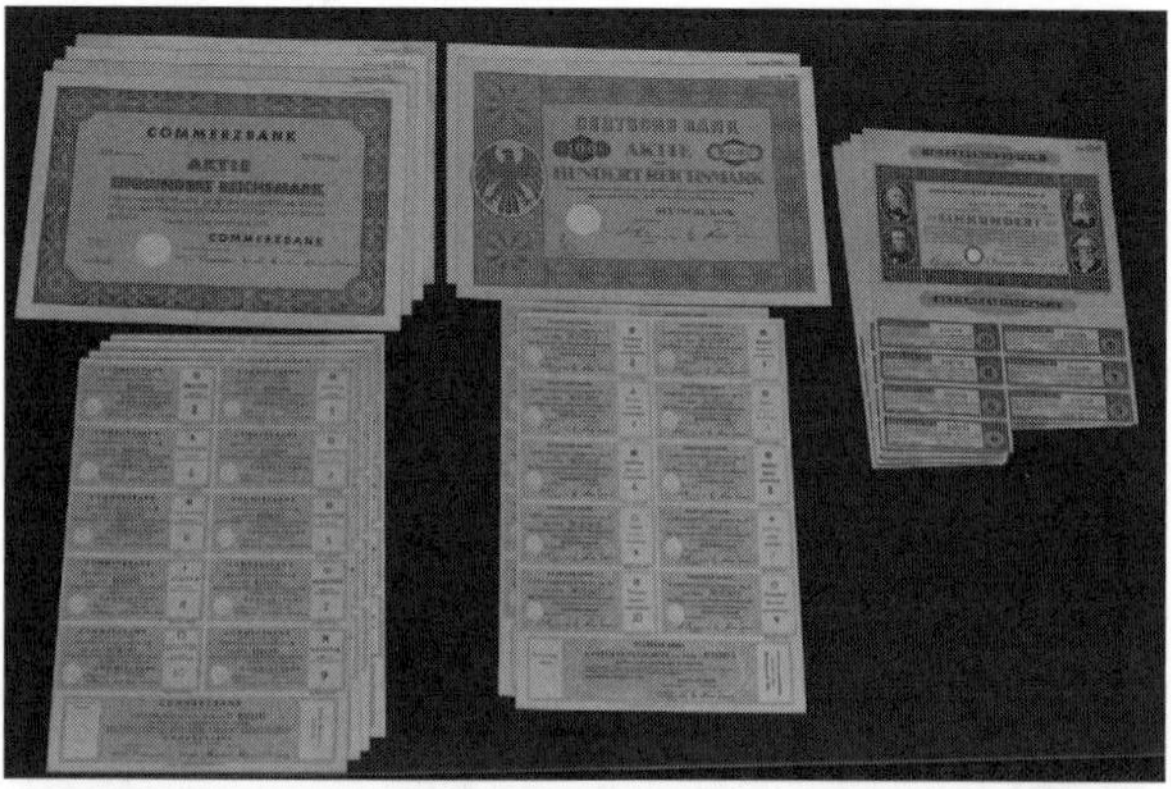

ドイツ銀行、コメルツ銀行の旧株式とIG ファルベンの清算債券

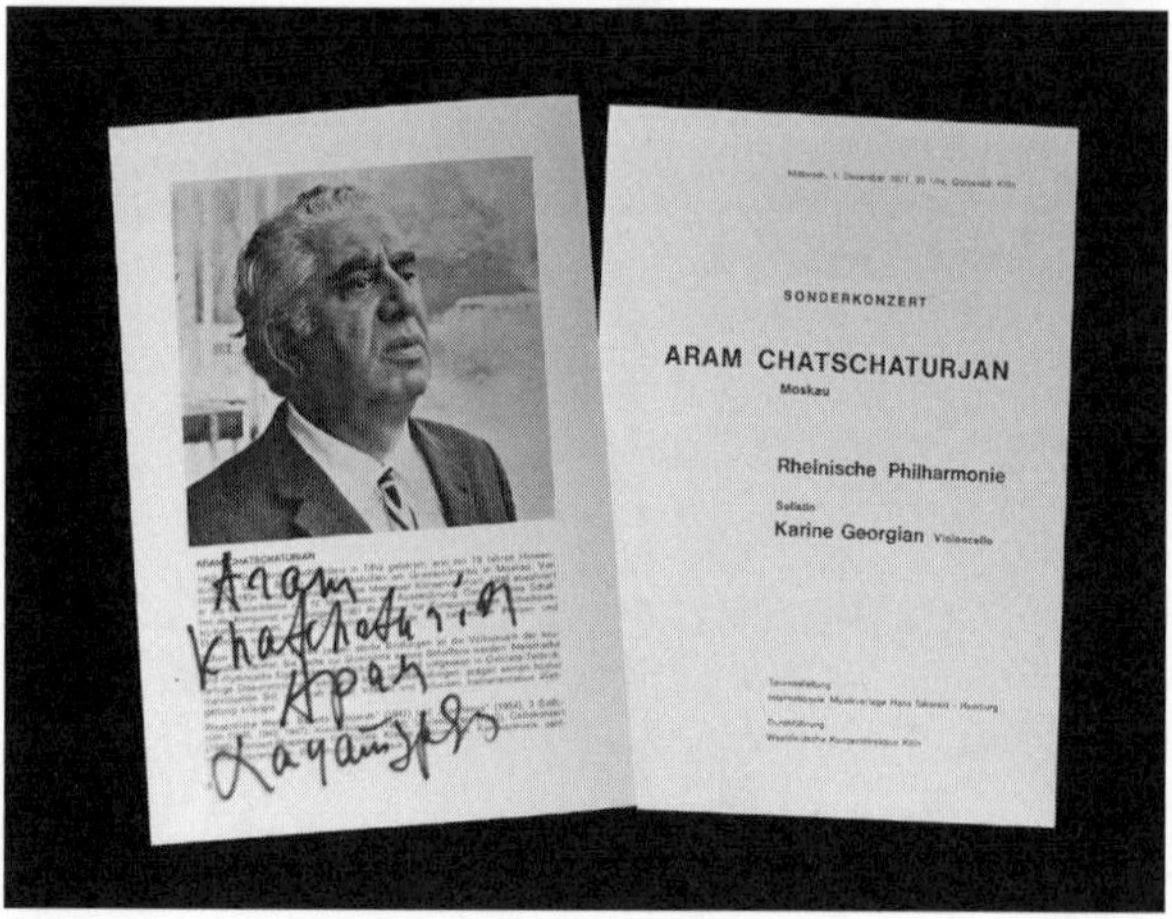

巨匠、ハチャトリアンのサイン

富田商会で商社業務の面白さ知る

ドイツには2年滞在の計画だったが、ドイツ銀行での研修は9ヶ月間なので次の手を打たなければならない。単純労働では、電機メーカーのグルンディヒ社と同様に拒否されてしまう。ドイツでは、いわゆる3Kの仕事を請負うのはトルコやユーゴスラビアなどからの外人労働者。最初は単身だが、その後家族を呼び寄せるため、子どもが増えるなどして、ドイツ人の目から見ると社会問題化していた面もあったのだ。

ある時、日本人とおぼしき人を銀行の窓口で見かけ、これぞ天佑とばかりに、その方に相談する。ケルンで富田商会という個人企業を興した富田肇社長だ。日本の繊維を香港でカツラに加工して、それを輸入する傍ら、旅行代理店業にも進出。成功者のお一人だった。ここでもアイセックの枠組みが適用されたので、ビザも延長でき、計19ヶ月。アイセック研修としては最長の部類だろう。

同社での業務は、来店する美容師にカツラを販売するとともに、ちょうどその頃に手掛け始めたポンプの輸出や日本の文房具の輸入業務の補佐。ここで商社業務の面白さを強く感じたことが、その後の商社勤務に繋がることとなる。昼は豚の生のような食感のひき肉と玉ねぎの千切りをパンに載せたものを良く食べた。これが甘くて実に美味しい。レストランで出されるものではないので、ドイツに行った時に自由時間が取れたら街中でこれをぜひもう一度食べてみたいと思っている。

休日には会社から車を借りて、会社の仲間とオランダのキューケンホフ公園やオーストリアのザルツブルクなどに出かけた。日本の運転免許を書き換えたのだが、ドイツの免許証は生涯有効なのが面白い。また、たまに日本から友人が訪ねて来るので、歓待はドイツの白ワイン。1本300円くらいのものだが喜んでくれた。当時は酒を飲みたいとは全く思わなかったので、ドイツで1年半の間に飲んだのはビールが10回程度、ワインは2－3回だけ。

後に伊藤忠商事に入社して、ドイツでは酒は何を飲んだかと聞かれて、ビールとワインを少々と事実を述べたところ、「俺達は焼酎や日本酒を飲んでいるのにワインとは生意気だ」と叱られた。そこで初めて焼酎や日本酒を口にしたが、それを契機にお酒は何でも飲むようになった。ワインは長らくドイツの白が好きだったが、イスラエルに行ってからは赤が好きになり、邪道かもしれないが、これを冷やして飲むのが家飲みの定番だ。

富田商会の事務所にて

カツラの展示会に出展。中央が筆者

ドイツ生活　懐かしい都市、ケルン

ドイツ滞在中に祖母早川充子と母元子、妹伊久子が欧州旅行に来たのでイタリアからフランスまで同行し、イギリスに向かう皆を見送った。ローマのカラカラ浴場で見た野外オペラのアイーダは実に見事だった。実物の馬が出てくる壮大なもので、劇場で見るものとは迫力が全く違う。妹が通う慶應女子高の先生が団長のツアーで、東洋からの若い女の子のグループが珍しかったのか、ドイツの古都アウグスブルクでは市長に夕食に招待され、通訳を仰せつかった。レセプションの様子が翌朝の新聞に大きく掲載されている。

１９７０年はベートーベン生誕２００年で、生誕地ボンのベートーベンチクルスと銘打った音楽会に足繁く通った。その都度生家を訪ねるので門番とも顔なじみとなり、「ベートーベン研究家のドクター・サッカを知っているか?」

と聞かれたが、思い当たらない。高校の音楽の授業で私がベートーベンに就いて発表する際に分厚い本を購入したことがあったが、その著者が属啓成氏その人だった。「属」を「サッカ」と読むとは知らなかったのだが、その後名古屋でその属氏のご一族の方と酒を酌み交わすことになるとは、世の中は狭いものだ。早いもので、2020年は生誕250周年だ。

ケルンは新約聖書にある「東方の三博士」の聖遺物が安置された大聖堂で知られている。私のいた当時、ドイツ・フォード（本社ケルン）のタウヌスという車がたくさん走っていたが、ナンバープレートには3つの王冠をデザインした市章が入っていた。ドイツでは「三博士」ではなく、「三聖王」と呼ばれているからだ。

ケルンといっても、当初は近郊のローデンキルヒェンという町の学生寮に住んでいて、同じ町の老人ホームにパイプオルガニストの修道女を訪ねたことがある。彼女とは何度かお会いし、ドイツ語の讃美歌の本を戴いている。年輪を重ねた修道女たちとのお茶の時間は実に心休まるものだった。後年、お墓参りをした時には涙が止まらなかった。

その後街中のケルン音楽大学前の学生寮に引っ越したが、ある時そこに同じドイツ語学校にいたトルコ人が訪ねて来てくれた。新型コロナワクチンで有名になったビオンテック社のＣＥＯはトルコ出身で、４歳の時（１９６９年）に父親がドイツフォードに外人労働者として勤務することになって家族で移住したそうだ。私がケルンにいたのは１９７０―72年なので同じ空気を吸っていたことになる。来てくれた人の名前は思い出せないが、父親とは違う人だろう。いずれにしても、ケルンは懐かしい町だ。

ライン河畔で親子３代

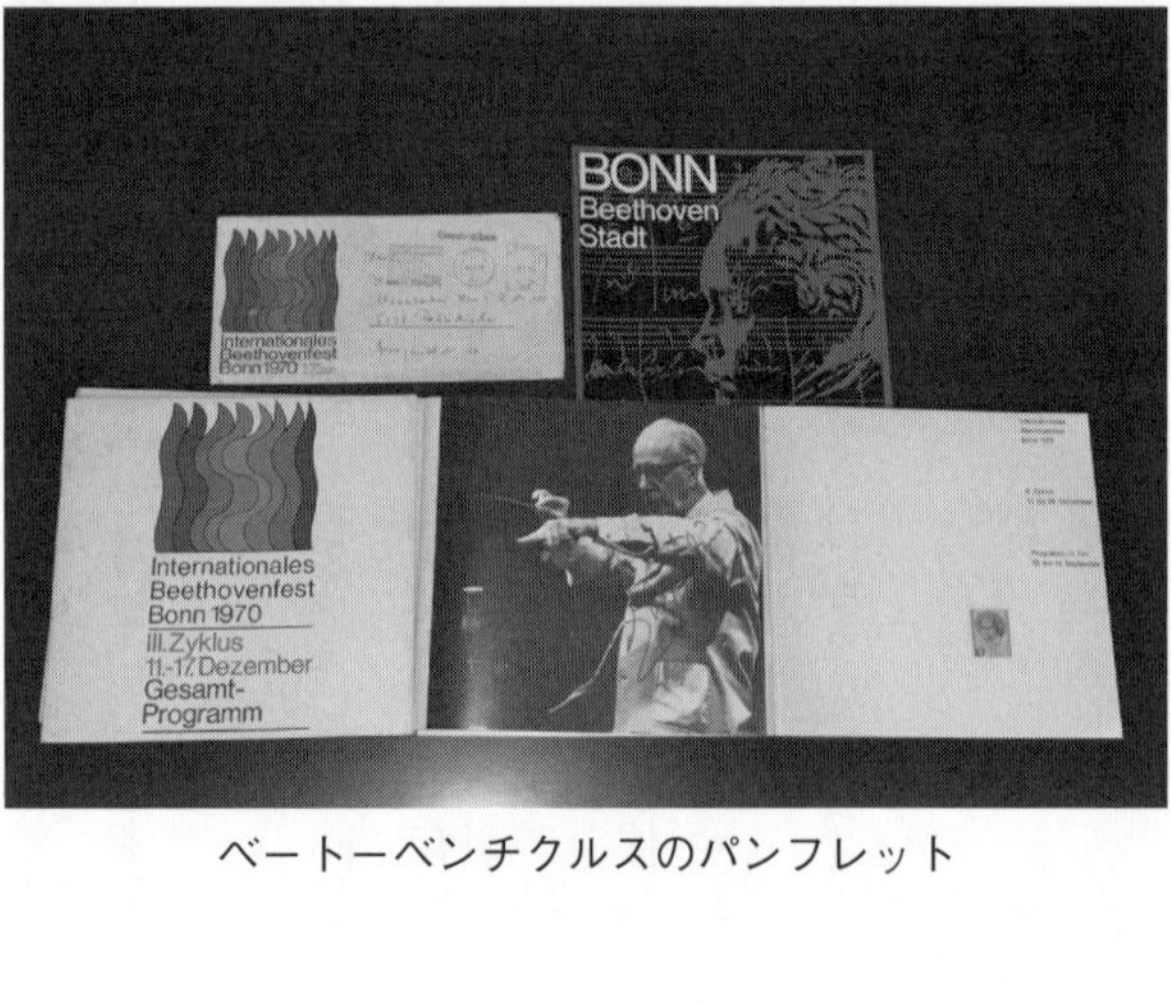

ベートーベンチクルスのパンフレット

ヘリゲルの墓所を訪ねる

タレントの武田鉄矢のラジオ番組で知った方も多いかもしれないが、和弓の世界ではオイゲン・ヘリゲルの名前は広く知られている。弓射には相手がいないので、自分自身と向き合う「立禅」とも言われ、彼の著した「弓と禅」はドイツ人で論理主義の哲学博士が時に懐疑し、迷いながらも努力に努力を重ねた求道の記録であるだけに、世界にも大きな影響を与えた。外国人が禅を理解しようとする時に手にする一冊ともいわれている。本書（33ページ）で氏を紹介したが、渡独したらぜひともお墓参りをしたいと思っていた。

原書を購入し、日本語版と一緒に持参して、オーストリアとの国境に近い南ドイツのガルミッシュ・パルテンキルヒェン（ガルミッシュ）に、既にご高齢となっておられた奥様を訪ねた。ドイツ最高峰ツークシュピッツェの麓で、冬季オリンピックも開催された風光明媚なところだ。

お墓がガルミッシュにあることが分かっていたので、そこの市役所に手紙で奥様の住所を教えてくれるよう依頼する。奥様のフルネームはアウグステ・L・ヘリゲルだが、回答はグスティ・ヘリゲルさん。アウグステさんをお願いしたいと再度照会すると、通称がグスティさんだから本人だという。ネットのない時代でやり取りに結構時間が掛かったが、その分お会いできた喜びは大きかった。お目にかかると、凛とした佇まいで、ご自身の著書である「生花の道」に掲載されている若かりし頃のお写真のイメージ通りの方だった。

墓石には梅の花が彫られ、奥様のお名前も既に刻まれていた。一緒にお墓参りし、辞する時、サインしてくださった。ヘリゲルの著書には鈴木大拙の序文がある「禅の道」もあり、奥様の「生け花の道」も含めて、日本語版2冊、ドイツ語版2冊にサインしていただいている。1971年8月のことで、私の宝物だ。

住友電工会長（当時）の北川一栄氏が日経の「あすへの話題」でヘリゲル氏を紹介しておられ、弓聖と称された阿波研造範士門下でヘリゲル氏と兄弟弟子だった弓道範士十段の安沢平次郎氏が氏の晩年に念願叶ってヘリゲル夫人とお墓参りしたとの記事も手許にある。道を極めた人の言動と所作、そしてその人の薫陶を受けてその道を真摯《しんし》に追求する姿勢は洋の東西や年代を問わず、胸を打つ。私もヘリゲルに就いては雑誌などに寄稿する機会を頂戴している。

奥さまとお墓参り（写真上は奥さまのサイン入り原書）

「SMBC マネジメントプラス 日本文化の価値を発見した外国人」でヘリゲルを紹介した

ドイツを発つ

権威ある「大Duden」の辞典を同僚からお餞別《せんべつ》にもらい、1972（昭和47）年1月、イスラエルに向けて出発した。ドイツ銀行時代、同じアイセックの研修生仲間にイスラエル人がいて、中東では今も戦争していると聞かされていた。第2次大戦後の戦争はベトナムだけだと思っていたので、実情を知らねばと思い、もう1年休学することにしたのだ。卒業が3年遅れると就職に支障があるとは思ったが、それ以上の意義があるはず、認めてくれない会社には行かないと腹を括ったのだった。

陸路トルコに入り、シュリーマンの「古代への情熱」の舞台であるトロイに向かう。トロイには、イスタンブールから最寄港のチャナカレまでマルマラ海を船で行き、そこからはバスだが本数が極端に少ない。昔取った杵柄で、勢いヒッチハイクとなる。

行ってみると、乱雑な廃墟というイメージだ。1・5メートルほどの木馬があったが、これではとても戦士が潜んだ姿は想像できない。しかし、ネットで見ると今では既に大きな木馬が出来ているようだ。

トルコでは「ラフマジュン」という、1食30円程の柔らかなピザのような食べ物がおいしかった。後年、イスラエルに駐在してトルコに出張した際にこれを食べてみた。しかし、落差が大きかった。偶々食べたものが期待を裏切ったのかもしれないが、あのおいしかった記憶が年を経るに従って増幅されてしまっていたのが真相だろう。

ギリシャからはエジプト経由レバノンへ。ピラミッドはほぼ原形で残る唯一の世界七不思議で圧巻だが、レバノンも興味深い。首都のベイルートは中東のパリと呼ばれただけのことはあって、市の中心にある殉教者広場は華やかで活気に溢れていた。

古代ローマと干戈《かんか》を交えたカルタゴ（現チュニジア）を作ったフェニキア人の本拠地はレバノンだ。フェニキア文字はヘブライ語と同様22文字でアルファベットの基といわれる。

レバノンにも遺跡は多い。ビブロスはバイブルの語源となったとされる古代の港町。東部のバアルベックは夏の野外オペラが有名で、港町のシドン（サイダ）ではイスタンブールの考古学博物館に展示されているアレキサンダー大王の棺が見つかったとされている。

よくヒッチハイクしたが、後でヒヤっとした経験もある。ある時、ベイルートで北朝鮮大使館の車を停めたら既に4人乗っていたせいか、断られた。乗せてもらっていたら、きっと違う人生を歩んでいたことだろう。

トロイとミケネの絵葉書

「アレキサンダー大王の棺」とされている。
イスタンブール考古学博物館所蔵。

イスラエル入国

レバノンからキプロスを経由してイスラエルに入国したのは１９７２（昭和47）年3月。そこには３００か所ほどのキブツと呼ばれる農業共同体があった。上部団体の一つであるハショメル・ハツァイル（若き衛兵の意味）という労働党系の連合会事務所を訪ね、北部の小さなキブツを紹介される。

そこでは、ボランティア一人ひとりがキブツニク（村民）を「里親」とする制度があり、寝泊りはボランティア専用のバラックだが、仕事が終わると里親であるドイツ系移民のおばあさんの自宅を訪ねてはお茶やケーキをごちそうになった。キブツで驚いたのは、月が大きく見えること。糸杉に懸かる月は実に大きく美しく映え、今でも目に焼き付いている。

仕事はバナナ園や鶏舎、牛舎、果樹園など。キブツニクがバナナの房を切り落とし、それを肩で受けて運ぶのだが、これが痛い。10キロは優にある、まだ青くて硬い実が落ちてくるので、一日が終わると肩が真っ赤になる。こんなにバナナが硬くて痛いものだとは知らなかった。翌日からはタオルを肩に二重に当ててクッション替わりにした。鶏舎では刷毛で尻の穴にワクチンを塗ったり、七面鳥舎では真夜中の出荷に駆り出される。鳥類は鳥目なので夜は静かになり、仮に狐が入ってきても騒ぎは全体には広がらないのだそうだ。実際、1羽1羽カゴに入れても静かなものだった。

1日が日没から始まるイスラエルでは、金曜日の日没から土曜日の日没までがシャバットという安息日で、バスも止まってしまう。金曜の夕食は豪華で、そこで歌われるシャバットの歌はメロディーが素晴らしく、今でも時折思い出すほどだ。

このキブツで出会ったオーストリア人のリタ夫妻とはウマが合い、家族ぐるみの付き合いとなった。伊藤忠商事時代、米国滞在中にニューヨークと同州北部のイサカに来てくれたが、こちらからもカナダのトロントやオーストリアのウィーンに会いに行っている。リタのご主人のミヒャエルが連載直前にトロントで他界した。長い闘病生活を続けたが、リタからは、もう一度人生があるのであれば、また同じ人生を歩みたいとのメールが来た。その気持ちに強い共感を覚える。

最近はボランティアを受け入れるキブツが減っているようだが、若い時に諸外国の人たちと交流しながら仕事の経験をするのはいいことだと思う。私の娘や甥も私の駐在時代に来ているが、楽しい経験となったようだ。

キブツで出会ったオーストリア人のリタ夫妻

ウィーンにて（右から筆者と母、リタと両親）

ヘブライ語で夢を見る

ヘブライ語を教えてくれるキブツがあると知り、そこに移った。イスラエル最大の穀倉地帯、北部のイズラエル盆地にある大きくて歴史のある豊かなキブツだ。因みに国名のイスラエルとは神と戦う人を、イズラエルとは神は種をまき給う、を意味する。英語でイスラエルのことをイズラエルと発音するのでややこしいがこの盆地は英語ではジェズレールという。

ヘブライ語教室はウルパンと呼ばれ、ここで5ヶ月、みっちりと教わった。習わなければ一日6時間労働、習うなら4時間労働と4時間勉強というのでもちろん後者を選んだ。「こんにちは」「さようなら」を意味する「シャローム」(原意は平和) しか知らない状態でヘブライ語をヘブライ語で習い始める。文字も文法も全く知らないので分かるわけがないではないかとは思ったが、授業を受けているとと次第に分かるようになるから不思議なものだ。

日本語の「一二三（ひふみ）」の発音は英語ではhe who meとも書けるが、これはヘブライ語だとそれぞれshe, he, whoの意味になるので英語圏の人は戸惑うことになる。

日本人は真面目なので、たいていテストでいい成績を取るらしい。ユダヤ人の移民もいるクラスで5回のテストがあり、私も毎回ほぼ満点で常にトップだった。日本では英語を中学から大学までだと合計10年間学ぶことになり、英語は出来て当然と思われても仕方がない。これに対して、ドイツ語は出来たらすごい、ヘブライ語は出来なくて当然である。もっとも、出来たところで日本では全く役に立たないのだが。

そうなると胸襟を開いて学べるので、ヘブライ語で夢を見たのも自然な流れだった。ドイツでもドイツ語で夢を見たことがあるが、在米中に英語で夢を見たことは一度もない。日本ではどうも、学校で英語ではなく英語に対する劣等感を教え込まれているように思うのは私だけだろうか。

１９７２（昭和47）年5月30日にロッド空港事件が起こった。日本赤軍を名乗る岡本公三たちが空港で銃を乱射したのだ。キブツにいた日本人３人で村長に「我々は違う」と言いに行ったが、「そんなことは分かっている」と言われ、平穏無事な生活を続けることができた。しかし、私はマル経のゼミを取っていたことから、実家では私がイスラエルに行っていることは暫く伏せていたらしい。

空港でチェックイン荷物をX線で検査するようになったのは、この事件が切っ掛けだそうだ。

キブツ内のヘブライ語学校「ウルパン」の教室。
右から３人目が筆者。

地中海沿岸のケサレアにあるローマ遺跡で野外オペラ（サムソンとデリラ）を鑑賞。
舞台の裏は海だ。ズービン・メータ指揮、イスラエルフィル。

「蛇蝎」のネゲブ砂漠

「サソリのミシュパハ（家族）だ！」子どものサソリも数匹いる穴をつぶした時の、相方との会話だ。ヘブライ語教室ウルパンを修了し、イスラエル南部、ネゲブ砂漠にあるキブツ「スデ・ボケル」に移っていた。ベン・グリオン初代首相が政界を退いてから、イスラエルの将来はネゲブの開発にあり、という考えから自ら移り住んだ地だ。

ここでの仕事はオリーブの収穫や、土手の穴潰し。ネゲブの語義は「乾燥」だが、それほどに南部は降雨量が少ない。そこで、雨季に降った雨を土手で囲んで溜めるのが生活の知恵だ。しかし、水を堰き止める土手にはサソリが穴を作り、それが決壊の原因になるとのことだった。それらしき穴を棒で潰していくのだが、そこに行く迄は毒蛇のいる土漠だ。黒い毒蛇には血清があるが、黄色い毒蛇にはそれがないと聞かされていた。咬まれたり刺されたりする危険性を考えて、仕事は常に二人一組。もう一人が助けを呼びに行けるからだ。「蛇蝎の如き」ではなく、正に「蛇蝎そのもの」の環境にいたことになる。

このキブツでベン・グリオンから彼が好きだという聖書の2節を書いた直筆の書状を頂戴した。１９７２（昭和47）年11月のことで、亡くなる1年前だった。氏は１９４８年5月に独立宣言書を読み上げた、イスラエルの「建国の父」だ。キブツでは朝夕は全員で食事をするしきたりで、毎日お見かけした。広島の原爆の絵葉書を差し上げたところ、お返しに下さったものだ。ちなみにユダヤ教で聖書というと所謂「旧約聖書」だけを指し、これがキリスト教、イスラム教を含む一神教の土台となっている。

レビ記19章34節「異邦人が隣人となれば、隣人を汝自身のように愛せ。エジプトでは汝らが異邦人だったからである」。もう一つは、イザヤ書2章4節「国は他国に剣を上げず、彼らはもはや戦いのことを学ばない」。この書状の写しは常に持ち歩いていた。そして、ある国際的イベントで外相時代のペレス氏にお会いした際にお見せしたところ、食い入るようにご覧になって、写しの上にサインを下さった。ここに参加した日本人は私だけです、と言ったら、「そうか、日本って小さな国なんだな」。ユーモアのある方だった。

国家功労者はエルサレムに埋葬されるが、ベン・グリオンはスデ・ボケルだ。正確には、そのキブツから3キロほど離れたところにある、エン・アヴダットと呼ばれる場所で、そこから雄大な景色を見るのが私は好きだった。そこにご夫妻のお墓がある。氏もこの景色が好きだったのだろう。

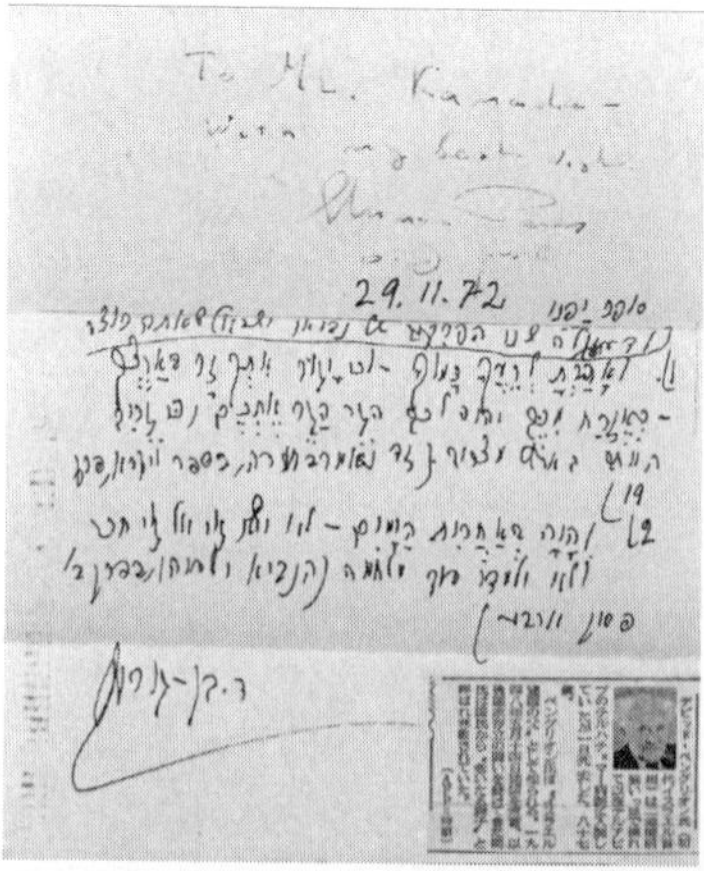

ベン・グリオン直筆の書状にペレス外相が追記
右下はベン・グリオン氏の死亡記事

エン・アヴダットの雄大な景色を背景に

回り道の帰路

1972（昭和47）年末、日本に向けてイスラエルを発った。翌春の復学前にできるだけ多くの国を通って帰りたかったからだ。イスラエルが国境を接しているのは国交がない国ばかり。イスラエルでは頼めばパスポートにスタンプを押さないが、私は9ヶ月滞在したので、しっかりと押印されてしまっている。このままでは入国できない国があるので、アテネで旅券と各国のビザを取り直した。アテネで取得したクウェートのビザには、「このビザ取得後、イスラエルのビザを取得したら無効」との記載がある。ちなみに、今はイスラエルへの入国時に、頼んでも押捺してくれない。電子的に処理しているのだ。

ギリシャからヨルダンに飛び、アラビアのローレンスが目指したアカバ湾のアカバ、インディージョーンズで知られることになるペトラ遺跡などを訪問した。次のシリアではゼノビア女王が君臨した、パルミュラを見てイラク入り。バグダッドの国立博物館の収蔵品には目を見張った。他の国や都市でもそうだが、中東の郷土博物館は人類史の博物館でもあるのだ。特にイラクは遺跡の宝庫。それがISによって破壊されたのは人類にとって大きな損失だ。

バビロンで世界七不思議の一つである空中庭園（植樹されたテラス付きの階段状建築）の跡地を見てウルに向かう。ユーフラテス河沿いの古代都市で、ユダヤ人とアラブ人の共通の祖先とされるアブラハム（アラビア語ではイブラヒム）の故郷だ。ここは日干し煉瓦で造られたジグラットと呼ばれる斜面のある聖塔で知られるが、住居地域の一角に、なんと、「ここがアブラハムの家だった」との標識がある。イギリスの考古学者、サー・ウーリーがウルを発掘したのだが、誰が4千年前の居宅を特定したのだろうか。

トルコに源を発するチグリスとユーフラテスはクルナという場所で合流して

シャットルアラブ河となる。そのクルナの河畔に「アダムの木」がある。地名こそ「来るな」だが、もちろん行った。そこがエデンの園のあった場所とされていて、その木が1本ポツンと立っている。りんごの木ではない。りんごは後世の創作らしい。

「旧約聖書」の創世記の舞台は元々シュメール（現在のイラク南部）だ。家、壁など身近なものを泥から作るので、人間までも土から創る発想になったのは自然なことなのだろう。聖書で最初の人間はアダムだが、ヘブライ語で土、大地のことをアダマ（女性名詞）という。これを男性化したのがアダムで、人間のことをベン・アダム（アダムの息子）という。新約聖書でイエスがガリラヤ湖の上を歩いたとされているが、そこからヨルダン川で下った死海では生身の人間が浮くので、イエスが湖上を歩くというのはこれまた自然な発想だったのかもしれない。

クルナの河畔にある「アダムの木」

ユーフラテス河畔で子どもたちと

ウルの遺跡

クウェートでのヒッチハイク

船乗りシンドバッドが船出した港とされているバスラ（イラク）を経由してクウェートに入る。そこで米国人女性二人組の車をヒッチハイクしたが、１人がアメリカンスクールの教師だったので教室をのぞかせてもらった。小学生は長机を２列並べた教室、中学生は生徒が床に座って自由に勉強しているのが印象的だった。

その２人がこれからバグダッドに行くという。特別に急ぐ旅ではないので、同行させてもらいイラクに再入国。バグダッドでは、風呂に電話も付いている高級ホテルに泊めてもらった。ドイツもイスラエルもずっとシャワーだったのでバスタブは何年ぶりだろう。ヨルダンから始まる帰路の旅では移動費は別として１日１ドル（約３００円）で食費と宿泊費を賄っていたので、天国のような環境だった。

別れ際にはお餞別として20ドルほどの現金まで頂戴したが、これは20日分の軍資金だ。その内の1人、ペッグ・マーフィーさんが後に日本に来たことがある。私は海外出張で不在だったが、家内ができうる限りの歓待をした。彼女には米国出張の際にもお会いしている。

さて、次はイランだが、イラクとイランの国境は閉鎖されていると聞き、これまた再度クウェートに入り、最短距離の国際線でアバダンに。予定外の飛行機だったので、服を着こみ、ポケットに入るだけ詰め込んで20kgの制限を何とかクリアした。国際線なのに飛んでいる時間は30分ほどで、飛び立ったら直ぐ着陸だ。食事はおろか飲み物も出ない。

イランの京都といわれるイスファハンの荘厳なイスラム寺院、イランの奈良といわれるシラーズ近郊のペルセポリスの巨大な遺跡群は強く印象に残っている。ペルセポリスはヨルダンのペトラ、シリアのパルミュラと合わせて中東の三大Ｐ都市遺跡と呼ばれていて、アレキサンダー大王に破壊される前の壮大な建物群を想起させてくれる。

次はまだ王国時代だったアフガニスタン。バスがアフガニスタン西部の都市ヘラートに着くと、宿の客引きが並んでいる。もともと値段は安いのだが、中でも一番安い50円の宿を選ぶ。安宿なので、お湯はバケツに1杯だけしかくれないが、それでも頭と体を洗うことはできた。それしかないとなれば、何とかなるものだ。

バーミヤン渓谷で巨大石仏を見たかったのだが、交通の便が悪くてかなり時間が掛かると言われて断念した。２００1年に2体共に破壊されてしまったのが残念だ。

クウェートのアメリカンスクール（小学校低学年クラス）
ペッグ・マーフィー先生

イラン・ペルセポリスの遺跡

アフガニスタンからパキスタンへ

アフガニスタンからパキスタンに行くのにはカイバル峠を通る。私は訪問先の国・地域が１００の大台に乗ったので、もう一度行ってみたいところはどこかと聞かれることがある。答えは間違いなく、このカイバル峠だ。ここの景色が実に雄大なのだ。アレキサンダー大王が通った所で、アフガニスタン東部のジャララバードからパキスタンのペシャワールに行く途中にある。この町の名前は、アフガニスタンで２０１９年12月に暗殺された日本人医師の中村哲さんを支援するために１９８３年に結成されたＮＧＯの「ペシャワール会」で広く知られるようになったようだ。

バスが古くてエンジンが中々掛からない。冬でもあり、エンジンをたき火で温めての出発だ。そのバスがガードレールのないカーブの山道を崖ギリギリで進む。モーゼが十戒を授かったシナイ山の頂上でご来光を仰ぐために、夜中にロバの背に揺られて登った時もロバが崖ギリギリを進むのでヒヤヒヤしたことを思い出した。

四大文明のうち、エジプト、メソポタミアを見て来た。次はインダス文明だ。名前こそインダスだが、インダス川はそのほとんどがパキスタンを流れており、遺跡で有名なモヘンジョダロやハラッパーはパキスタンにある。四大文明で文字が解読されていないのはインダス文明だけである。モヘンジョダロには小さな博物館があり、そこでは動物の骨を削り、文字を刻んだカフスボタンを売っていた。欲しかったのだが、何と50セント。当時で150円ほどだった。1ドルを現地通貨に崩してしまうと、残りの150円を使いきれない。カフスは1種類しかなく、同じものを二つ買う気持ちにはなれず、泣く泣く諦めた。それほど1ドルは使い出があったのだ。

モヘンジョダロの遺跡は下部が白くなっていた。地下の塩分がしみだして来たものだという。ハラッパーでは遺跡の山に登ったりできたが、その昔の陶器の破片などは拾おうと思えばいくらでも拾える状態だった。どちらも貴重な人類の財産だけに、保存にもっと力を入れて欲しいものだと思った。

ネットのない時代だが、家族との連絡はとれていた。郵便局宛に手紙を送ってもらうのだ。国名、都市名、ＣＰＯ（中央郵便局）、post restante と書いて私の名前を書くだけで、１か月ほどは取り置きしてくれる。いつ頃どの都市に行くかを家族に事前に伝えておく。遠い異国の郵便局で手紙を見つけた時の嬉しさは例えようもない。

アフガニスタンのバス

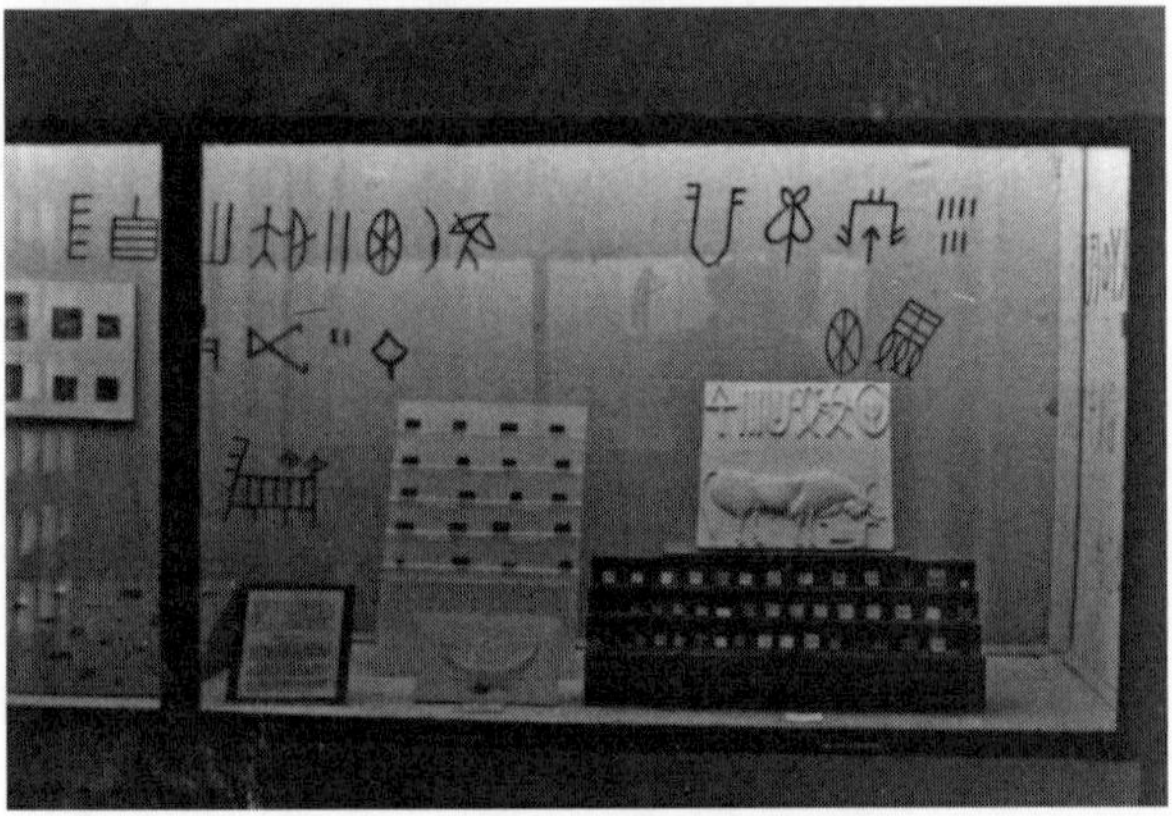

モヘンジョダロの博物館

インド

次いで入ったインドの最初の都市アムリッツァーにはターバンで知られるシーク教徒の総本山、ゴールデンテンプルがあり、ここは無料で泊めてくれるというので厄介になった。インドは「亜大陸」と言われるだけあって実に広い。鉄道で移動するにも時間がかかる。安い寝台車で場所を確保するには始発駅で早くから並ぶ必要がある。しかし、驚天動地。始発駅に電車が入って来たときにはすでに満席だった。操車場まで歩いて行き、そこで乗り込んで、確保した席を売って小遣い稼ぎをするのだ。「そこまでやるのか」—。そのたくましさに脱帽だ。

インドではカレーをよく食べた。と言うか、皆カレー味だ。駅の弁当売りのカレーは、1食10円くらい。安かった。途中イギリス人に会ったら、ピューリタブという薬を持っていて、水にこれを入れると浄化されるのだという。皆、水には気をつけていたが、文明の利器のない私は現地で購入した金属水筒に一度沸騰したお湯を入れる安全策をとっていた。

トイレが整備されておらず、野原で用を足したこともある。ここで注意が必要なのは、拭く時だ。その場所のままだと、暖かいものが盛り上がっているので、その先端が手の甲に付いてしまう可能性があるのだ。そのような場面に遭遇したなら、拭く前にそのままの姿勢で2―3歩前進することをお勧めしたい。

北部のブッダガヤにはお釈迦様が悟りを開いたとされる菩提樹がある。何代目かは不明だが、挿し木をするとかしてニュートンのリンゴの木、メソポタミアのアダムの木などと一緒にどこかの植物園に特別コーナーを作ると集客の目玉になるのではないだろうか。

インド最後の都市はカルカッタ（現コルコタ）。ここで現地の人に自宅でご馳走になった。人が食べたカレーの皿を舐めるのが犬の食事になるような非常に貧しい家だった。帰国後、1,000万円入ってくるので必ず返すからと4万5千円所望され、奨学金をもらう学生にとって大金だったが用立てた。とうとうお金は返ってこなかったが、騙すより騙されろ、だ。

時差が次第に減っていくので、日本に近づいていることを実感する。しかし、インドとの時差は3・5時間。30分の時計調整は初めてだ。住んでいる人たちには普通の生活があるだけだろうが、旅行者にとってはどうにも使い勝手の悪いシステムだ。時差は今も3・5時間だ。しかし、「ゼロ」を発見し、暗算の得意なインド人には問題ないのだろう

ブッダガヤの仏塔と菩提樹の葉

ドイツ学園

ネパールでは西部ポカラでマッターホルンに似たマッァプツァレを望む。陸路のトレッキングだと1週間掛かるというのでやむなく飛んだのだが、ポカラの飛行場は舗装されておらず、草原への着陸なので驚いた。ポカラから南下するとお釈迦様の生誕地ルンビニがあるが、残念ながらここも時間の関係で断念した。道中スイス人夫妻と一緒になったので、故郷と比べてどうかと聞いたら、似ているけど、高さが4－5，000m違うね、と。私は安宿だったが、この夫婦がある時、「今日はホテルに泊まる」というので、彼らの好意で他の仲間も順番でバスタブを使わせてもらった。

インドに戻りタイ、香港、台湾と飛んで1973（昭和48）年3月、3年ぶりに日本の土を踏んだ。学生時代に35カ国・地域を訪問したことになる。

「皆さん、一緒に飲みに行きませんか？」――。帰国後は復学すると共にドイツ語教室を探し、「ドイツ学園」に通った。ドイツ人子弟のための学校だが、そこに日本人も学べるドイツ語クラスもあったのだ。自分のクラスはもちろん、隣のクラスにも呼びかけた。せっかく一緒にドイツ語を学んでいるのだから、終わったら直帰というのは勿体ないではないか、というわけだ。ドイツ学園は、今は横浜にあるが、かつては東京の大森（大田区山王）にあった。多くの賛同を得て、授業のあとは毎回皆で居酒屋に繰り出すようになった。

ビール会社の方がいたのでビール工場見学や、先生や仲間たちと一緒にハイキング。ドイツ人生徒も誘って一緒にスキーに行ったこともある。ドイツ人生徒の学芸会を見たが、ところどころに「ざまあみろ」といった日本語が混じり、日本人には大うけだった。交流が深まり、今でもたまに集まるが、中からは2組のカップルが誕生している。

ドイツへの旅行や出張は勿論、駐在した人や、ドイツの学校で定年まで教壇に立った人、数か国語に堪能で大使夫人となった人もいるが、生徒はみなドイツが大好きだ。学園の先生とは親しくなり、特に南部バイエルンでお城のような館にお住まいだったシュテファン先生ご夫妻とは交流が続いた。伊藤忠商事ニューヨーク時代にそこを訪ねる機会があり、空港でお土産に買っていただいた「Freistaat Bayern（自由州バイエルン）」というステッカーを車に貼って米国で走っていた。先生ご夫妻には私の結婚式にもご出席いただいている。

ポカラからマツァプツァレ（左）を遠望する

ドイツ学園のスキー旅行（前列左から３人目が筆者）

ドイツ学園のシュテファン先生ご夫妻
結婚式で乾杯の音頭をお願いした

第2章　食に携わる、新たな世界へ

伊藤忠商事入社

就職では2年までの「ダブり」が許されるのが一般的だが、在学中に3年間海外生活を送った私は、そうした制限のない会社を受けなければならなかった。しかし、幸運なことに、海外志向なので第一志望だった東京銀行や、証券部門があるドイツ銀行での経験から関心のあった野村證券には年齢制限がなかった。この2社から内定をもらい、世界最大の再保険会社であるミュンヘン再保険会社には公衆電話からドイツ語で電話して面接に臨み、入社するよう誘っていただいたが、これ以上内定を増やすのは控えようと、それ以降はコンタクトしなかった。結局1974（昭和49）年に伊藤忠商事に入社した。

慶應志木高で兄の友人がよく浦和の実家に遊びに来ておられたが、その中のお一人でクラシック音楽の好きな方が、商社、伊藤忠はどうだと勧めて下さったのだ。ここでドイツ時代の富田商会での業務の面白さの記憶が覚醒した。伊藤忠ではダブりは「原則2年まで」とあったが、海外で単に遊んでいたわけではないことを認めてくれたようだ。同期入社でもアメリカに留学していて2年前の入社扱いとなった人もいたが、私は年齢からすると3年遅れの入社であった。私にとっては、学生時代に行ったドイツとイスラエルが第二の故郷だ。銀行に就職していたらドイツで仕事ができたとしても、イスラエルには出張すらできなかったかもしれない。当初予定の銀行からは路線変更となったが、イスラエルで長期駐在し、ドイツにも出張できているので、勧めて下さった方には感謝している。アメリカにも住んでいるが、どうも英語に苦手意識があるせいか、第二の故郷という感覚はない。

入社式。何と、私よりも年上の同期がいたのだが、何故か私が新入社員代表に指名された。周りからは「何でアイツが代表なんだ?」「一番歳をとっているらしいぞ」といったヒソヒソ声が聞こえて来た。オイルショックの翌年のことであり、「激動の現代という言葉が真に実体感をもって迫ってくる今日にあって、私たちは新たな視点も加えながら業務に精励する」といった決意表明のようなことを述べたのだった。大阪本社での入社式では、会社側からは社長が越後正一氏から戸崎誠喜氏に代わる中、副会長だった（と記憶する）藤田藤《かつら》氏が会社を代表して出席され、藤田氏に向かってのあいさつだった。

同期は約360人で、その後合併した安宅産業には約240人位入社したと聞くので、入社時の同期合計は約600人ということになる。翌年からは新入社員数は激減している。我々の同期は空前絶後の人数だろう。入社式の写真は何と9枚組。中には伊藤忠商事の岡藤正広現会長CEOの若きお姿もあるはずだ。

伊藤忠商事の入社式（最後列左端が筆者）

「大豆課」に配属

入社前年の10月に勃発し、「ヨム・キプール戦争」とも呼ばれた第4次中東戦争は、短期決戦だった第2次、第3次と違って3週間近くかかって漸く決着した。この間、第二の故郷での戦争だけに、毎日ハラハラしながらニュースを食い入るように見ていたことを思い出す。

入社式の後は山中でのオリエンテーリングなど1週間の研修を終えてそれぞれの部署に配属された。私は油脂部油脂原料第一課。大豆だけを扱うので、英語名は単純明快、ソイビーン・セクションだ。米国からは主に搾油用大豆を、大豆の原産国である中国からは食品用大豆を輸入する。その後その中国は大豆の大輸入国に転じ、最近はその量が年間1億トンを超えるまでになっている。

業務は「受け渡し」といわれる下積み。商社の中には、この業務を専門的に扱う部署を設けるところもあったが、伊藤忠では営業部門の上司が商売を決め、部下がその契約を履行する方式だった。それが「受け渡し」で、仕事が終わると仲間と一緒に船荷証券や傭船《ようせん》契約書の裏面にぎっしりと書かれた細目などを勉強したものだ。油脂化学に就いても学び、今でも長鎖脂肪酸は「ラミパスオリリ」の順でそらんじている。

商社の業界団体として油糧輸出入協議会という組織があり、営業担当者は課長を中心に「大豆委員会」、我々は受け渡し業務を担当する「荷捌委員会」だ。そこでは各社のノウハウを持ち寄って「油糧荷捌ハンドブック」を発刊し、毎年更新して次第にこのノウハウ集が分厚くなっていった。

その過程で、他商社の新人に呼びかけて同期会をつくった。どうも、私は会を作るのが好きなようだが、営業を担当する前段階なので、交流し易かったのかもしれない。

同期会では、大豆、菜種などの油脂原料を担当する人がいなければ、油糧の範疇を超えることになるが、小麦など他の穀物の担当者に入って貰って十大商社を揃えた。１９７７年に合併で一緒になった安宅産業の人もいた。三菱商事と三井物産の担当者は結婚式にも出席してくれている。三菱商事の人とはお互いに商社からは離れたが名古屋で一緒となり、彼が名古屋から英国に赴任する際には二人で送別会をしている。日商岩井の人とはニューヨークでも一緒となったので、現地で時々酒を酌み交わした。

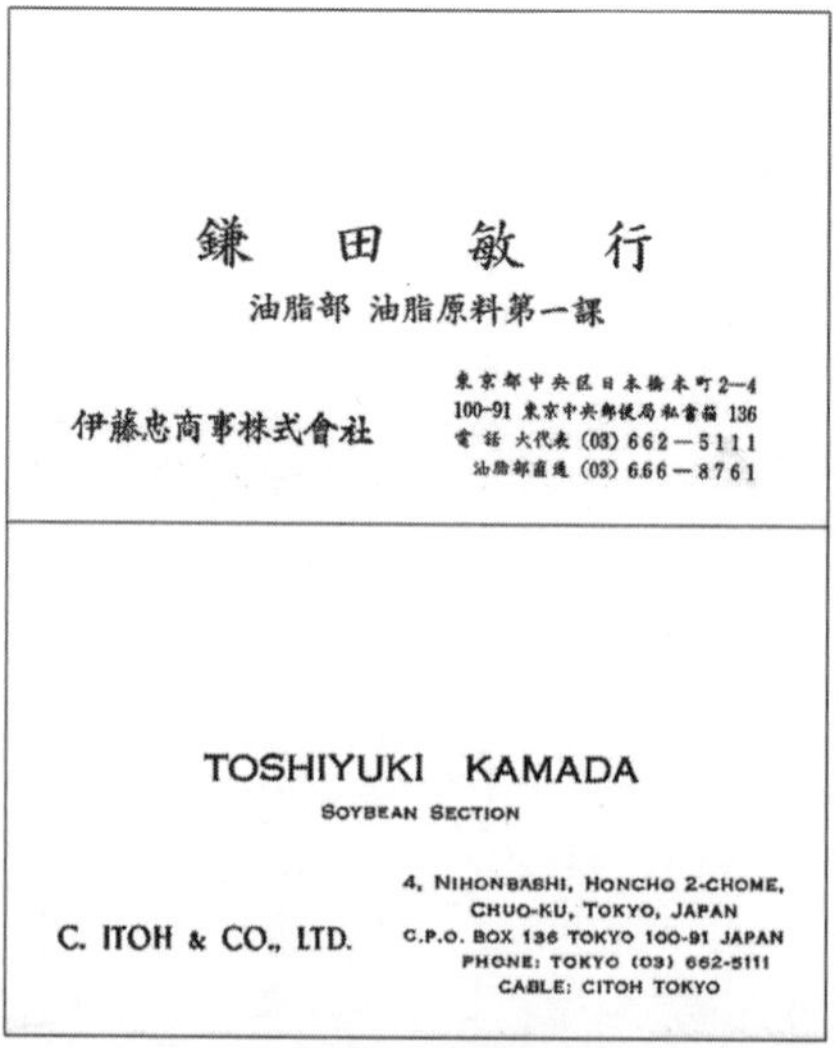

鎌 田 敏 行
油脂部 油脂原料第一課

伊藤忠商事株式會社

東京都中央区日本橋本町2—4
100-91 東京中央郵便局私書箱 136
電 話 大代表 (03) 662—5111
油脂部直通 (03) 666—8761

TOSHIYUKI KAMADA
SOYBEAN SECTION

C. ITOH & CO., LTD.

4, NIHONBASHI, HONCHO 2-CHOME,
CHUO-KU, TOKYO, JAPAN
C.P.O. BOX 136 TOKYO 100-91 JAPAN
PHONE: TOKYO (03) 662-5111
CABLE: CITOH TOKYO

初めての名刺

日商岩井の同期、大谷潔氏と（ニューヨークにて）

油脂部の輝く先輩、筒井雄一郎部長

油脂部にはそうそうたる先輩方がおられた。入社式の時には各部門の企画統轄室長からのお話があり、みな流石と思われるスピーチだったが、食料を含む第四部門企画統轄室長だった筒井雄一郎氏は国際人らしく「聖書を読め」とも言われ、特に心に響いた。その筒井さんがその春油脂部長に着任されたので嬉しかった。

筒井さんは東大法学部卒でフルブライト奨学生だが、誰からもそのお人柄で慕われ、経営手腕で尊敬されていた。一選抜で昇進を続けられ、社長の筆頭候補だったが、専務時代に出張先の豪州ゴールドコースト、サーファーズパラダイスで遊泳中に急逝された。

筒井さんはよく目白の広いご自宅に部員を呼んで下さった。カードゲームに興じたり、お庭でゴルフボールを的に入れるのを競ったり。また、浅瀬で魚を獲る「簀立《すだ》て」に行ったり、畜産部の協力を得て河原でＢＢＱをしたりと、部下を楽しませて下さった。ご家族とは今でも交流を続けさせていただいている。

入社3年目の１９７６（昭和51）年に米国に赴任した。飼料原料部はロッテルダム、畜産部はシカゴ、穀物部はポートランドで、油脂部はニューヨークに研修生を派遣していたのだ。

私は欧州には行っていたが、アメリカは初めてだった。マンハッタンの摩天楼を見た時は、その壮大さにさすがはニューヨークと大いに感じ入った。日本橋の東京本社では本館に入り切らず、食料部門は近隣の小さなビルに入っていただけに、50階建て位のユニオン・カーバイドビルはなおさら衝撃的だった。

日本では使っていなかったアメックスカードや小切手帳を使うこととなり、ゴルフも始める。ゴルフは社内や業界の会があり、月に3回は自動的に予定が入るのだが、全く上達しなかった。未だに「百獣」（110）や「猛獣」（もう10で120）の会にも入れてもらえないレベルだ。

ハムサンドイッチを頼むとハムを10枚近く、これでもかというくらい入れてくれる。1枚だけの日本とは大違いだ。下宿先の家の冷蔵庫は日本のものとは桁違いに大きかった。Philcoという、フォードのグループ会社のものと聞かされた。車も中古だがジャヴェリンという、日本の感覚からすると大きなものだった。パンナムビルの最上階のレストランやエンパイヤステートビルから見る景色。自宅からは世界貿易センタービルを遠望できた。何から何までスケールの違いに戸惑いながら、アメリカ生活を満喫した。

伊藤忠商事油脂部のお花見（右から３人目が筒井部長、４人目が筆者）

筒井部長での「ゴルフ」
右から３人目が筒井部長、５人目が筆者

課長就任前の丹羽宇一郎氏

ニューヨークには同じ課のご出身で後に社長、会長となる丹羽宇一郎氏が直属の上司でおられた。社長に就任されると全員が部下だが、課長就任前からの部下は数が少ない。

丹羽さんはとにかく勉強家で、机の上には油脂化学の本がずらりと並んでいたのが印象的だった。駐在前に、アメリカに就いて書かれた本を徹底的に読破されたそうだ。業界誌に「米国農業小史」を連載されるなど、直接には大豆相場とは関係のない知識も豊富だった。現地企業から3倍の給与でヘッドハントの声が掛かったこともある。

ご帰国と同時に課長に就任され、業務の傍らハント兄弟の銀相場での仕手戦を扱った本を翻訳して「シルバー・ウォー」を刊行された。米国出張の帰路に機中でこれを読了され、版権を取得して翻訳されたものだ。私も同じ課に戻っていたある日、翻訳を手伝わないかとお声がけをいただいたものの、私は毎日飲み会があるのでとてもできませんと辞退したが、丹羽さんは毎日お客様との宴席がありながら翻訳を続けられている。

仕事の面でも、米国から日本に大豆を運ぶ船の長期傭船契約をしたり、「米国大豆週報」をお取引先様向けに刊行したり、社内横断的な市況商品研究会を立ち上げたり、とにかく初めての取り組みをどんどん進められた。中でも、各商社が穀物の輸出基地としてミシシッピ川沿いにエレベーター（巨大な港頭サイロ）の建設や取得に動く中、人脈を駆使して世界最大の穀物商社のエレベーターをリースする契約を締結され、これは新聞や雑誌に大きく取り上げられている。課長職にも拘わらず、大手取引先の役員室も木戸御免。実に仰ぎ見る先輩だった。その丹羽さんが筒井さんを深く尊敬しておられたので、そのお二人から直接学ぶことができたのは、僥倖以外の何物でもない。

失敗談を一つ。ニューヨーク市のクイーンズ区に住んでいたので、「私の英語はクイーンズイングリッシュだ」と戯れに言うことがある。本家本元のクイーンズイングリッシュと発音は同じだが、綴りが若干違うので許される範囲かと思っている。しかし、大豆などの輸出港の一つであるニューオリンズにお客様をご案内した時には大失敗を演じてしまった。

中心街、バーボンストリートの酒場で名物の「ハリケーン」というカクテルを、格好をつけて注文したら出てきたのはなんとビールのハイネケン。これ以降は日本人アクセント丸出しでゆっくり話すようになった。カクテルではダイキリが好きだが、頼む時は昔の相撲力士の「大麒麟」だ。

課の旅行で。右端が筆者、丹羽課長は左から２人目。

見合い結婚

　卒業が3年遅れていたこともあり、伊藤忠商事に入社した1974（昭和49）年の秋にお見合いをした。翌年4月28日の結婚式では尊敬する筒井雄一郎部長ご夫妻にご媒酌人をお願いした。筒井さんはご祝辞で、「チャーチルはある時子どもたちに『もう一度人生があったらどのような人生がいいか』と聞かれた際に、もう一度君たちのお母さんに巡り合って、そしてもう一度君たちを授かりたいと思うよ」と答えたというエピソードをお話下さった。これが深く心に響き、そのような人生を送りたいと思ったのだが、今改めて強くそう思う。

　主賓は伊藤忠商事社長の戸崎誠喜氏で、ご夫妻で出席して下さった。この日は私の両親の結婚記念日でもあり、母はこの偶然を喜んでいた。早いもので、2020年は結婚45周年だった。式では双方の友人2人に司会を頼んだが、その2人は後に結婚したので、我々は結びの神でもある。

家内は偶然同じ慶應大学卒で、西洋史を専攻していた。学年は私の1年下、卒業は2年早かった。

新婚旅行はタヒチ。本当はイースター島に行きたかったのだが、当時は1週間に1便しかなく、到着2時間後に同じ飛行機で出国するか、1週間待つかの選択。諦めて近くの島としたのだった。タヒチでは現地式の結婚式を挙げ、ボラボラ島のクラブメッド生活を楽しんだ。

「もしかしたら双子じゃないのか?」。ニューヨークには1976年に赴任し、家内も一緒だった。お腹が大きくなって家内が日本に帰国した後の1977(昭和52)年の夏、会社の仲間とブラックジャックに興じていた時のことだ。予定日が近いことは皆が知っていて、ちょうど私の手にエースが2枚来たのでこれをスプリットしたところ絵札が2枚来て「ダブルブラックジャック」となったのだった。子供は一人と聞いていたが、帰宅すると直ぐに日本から電話があり、女の双子だという。聴診の時は2人の心音が重なっていたのだろう。お腹は異常に大きかったが、まさか双子とは。

それは7月4日、アメリカ建国200年の翌年のことだった。米国で産めば米国籍ももらえたが、初産でもあり、家内は日本での出産を希望した。名前は上司の永坂浩二氏と酒を飲んでいた時に、7月4日だから「梨」をいれたらどうだ、というアイディアをいただき、江梨子、麻梨子とした。

現在娘2人にはそれぞれ3人、2人の娘がおり、計5人の孫娘を授かった。家庭を顧みたことがない生活を続けていたので、子どもたちを無事に育て上げてくれた家内には心から感謝している。

結婚式。主賓の戸崎誠喜社長のスピーチ。

香港ディズニーランドで孫娘たちと

伊藤忠ニューヨーク

伊藤忠商事ニューヨーク（NY）食料部では大豆やトウモロコシなど穀物類の対日や対欧州の輸出、米や糖蜜などの三国貿易を行っていた。本社での直属の上司は油脂だけだったが、NYでは飼料原料、穀物部出身の方を含めて3人となる。油脂の上司が丹羽宇一郎氏（後の社長、会長）だ。

対日輸出では小麦の決済が大変だった。西海岸のオレゴン州ポートランド店が小麦の輸出拠点。船積みが終わると翌朝一番に書類が持ち込まれ、当日付けでの現金価値があるフェデラルファンド（FF）で振り込まなければならない。そうしないと1日分の金利を請求されてしまうのだ。しかし、NYとは3時間の時差があり、西海岸の9時は東では既に正午である。FFで振り込むには午前中の手続きが必要なので、財務部の協力を仰ぎ、毎回何とかギリギリで凌いだものだ。

三国貿易では、例えば台湾向けの大豆などのように、纏めて輸出契約するものの、引き取り先は30社くらいに分かれるという契約もある。信用状取引だと膨大な書類を作らなければならない。金利が高い時代なので、銀行への持込が遅れると、その分金利を損することになる。現地社員は時間になると帰宅するので、勢い一人で徹夜して仕上げることとなった。

一方、欧州向けの大豆輸出では何度か現地に出張させてもらった。船積み書類を受け取るとそれをクーリエで送って送金決済を受けていたが、それだと3日分ほどの金利が掛かることとなる。そこで書類が届いたその日の晩に欧州に飛ぶのである。上司の丹羽さんに具申すると、即OK。出張経費を差し引いても2日分ほどの金利が浮く計算だ。

NY食料部には食糧と食品のグループがあった。食糧は大豆や穀類などの食品原料で、食品は砂糖やコーヒーなどの食卓に近い商品群だ。東京では相互の交流が限られるが、海外では距離が近い。日頃から接触があり、社内ゴルフでも親しくなる。これは海外勤務の大きなメリットの一つだ。

また、在任中、お客様に同行する機会があり、普段中々行けない場所にも行くことができる。そのこと自体見分を広げることができるし、何といってもお客様からいろいろとご教示いただけることで随分と勉強になった。ブラジルの大豆畑を視察に行く際、パナマに立ち寄る機会があり、運河を視察した。後に、イスラエル駐在時代にスエズ運河も見ているが、船会社関係者以外で両方の運河を間近に見た人は少ないことだろう。

ニューヨークでの休日（左から５人目が丹羽さん、同３人目が筆者）

パナマ運河。
ミラフローレス閘門

スエズ運河。
アフリカ大陸側から。

「粟おこし事件」船長との交流が活きる

「粟おこしだっ！」——。1979（昭和54）年の暮れも押し詰まったある日、港からの第一報だ。帰国しても暫くは受け渡し業務を続けたが、この時大変な事件に遭遇した。海水濡れなどは専門機関に検定してもらって請求書を作成、それを社内の保険部に持ち込むだけで済む。しかし、万全に付保している筈にもかかわらず保険で求償できない事案が起こったのだった。

穀物は通常シンプルな構造のバラ積み船で輸送するが、その船は「ダブルデッカー」と呼ばれるタイプだった。その二重になっているデッキの部分の大豆が重油まみれの粟おこし状態となっていたのだ。冬なので燃料の重油を加熱するのだが、パイプに穴があって二重部分のデッキに漏れ出し、元々の大豆の呼吸熱と相まっての事故だった。

荷揚げが長引くので、何度も足を運んで船長とも親しくなり、船にも泊めてもらったほどだ。しかし、「粟おこし」が残っている状態で、何とある日突然出港してしまった。本部からの指示だろう。

保険部の協力を得て経験豊富な海事弁護士と協議していたが、直ちに世界でトップクラスとされるロンドンの海事弁護士事務所も起用することにした。敵方に回ると恐ろしいが、見方になると頼もしいことこの上なし、と言われた事務所だ。

最悪、途中で船名を変更して行方をくらますことがあると聞いたが、3週間ほどして、船名はそのままでカナダのバンクーバーに寄港していることが判明、直ちに現地に飛んだ。水上飛行機で停泊区域を回って場所を確認し、戻ってすぐにランチ（原動機付きの小型船）をチャーターする。タラップを上がると幸運なことに船長がいた。航海中、船員が苦労して「粟おこし」を海に投棄したのだという。ESGの意識が低い時代だったが、今では許されないことだろう。船長と話すと、自由に写真を撮っていいと言う。日本の港でも撮ったのだが、ここぞとばかり、撮れるだけ撮り、その中の1枚が決定打となったのだった。

船会社への直接請求だったが、95％ほどの高回収率となった。揉めればロンドンでの裁判となり、私が「原告」だったので法定への出席を内心期待はしていたのだが、船会社側があっさりと非を認めたので短期間で決着した。勝ち戦が分かっているだけに少し残念でもあったが、いい経験をさせてもらった。

イスラエル駐在時代、油脂部で部史を発行することになり、そこにこの事件を寄稿した。事件発生時に課長だった丹羽さんが社長になっておられ、部史の揮毫《きごう》は丹羽社長の手によるものだ。

丹羽社長（当時）の揮毫による「部史」『油脂部の歩み』

大豆課で営業担当、同時に新商品も開拓

伊藤忠商事の「大豆課」で対製油会社の営業担当となる。部下もできた。ある日、日本向けと台湾向けを満船で2船、併せて数十億円のビジネスを決めたことがあった。課として1日では過去最高の売上だったはずだ。買い持ちはしないので、売り契約ができてから、買い契約に進む。結局それをカバーする米国側との交渉で深夜1時頃までかかったが、見かねた女子社員が残ってくれた。家族が心配しないよう自宅に電話させ、退社時にもちろん自宅までタクシーで送った。

大豆を運ぶ船の傭船契約をドイツの船会社と締結したこともあった。明治神宮の原っぱで家内がドイツ人とママ友となった。そのご主人がドイツに戻って船会社勤務だった時で、日本の船会社との比較で有利な条件を出してもらえた

のだ。このころはまだドイツ語を使い電話で諸条件を煮詰めることもできたのだが、今は昔の話だ。

トン数万円の大豆を扱いながら、同時に、キロ数万円の機能性レシチンや月見草油のビジネスも開拓した。レシチンは大豆油精製過程の副産物とも言えるが、コリンとかセリンといった機能性成分が含まれている。このコリンの含有量を高めた製品を米国に輸出したのがきっかけで機能性食品の世界に入っていく。

月見草ダイエットを紹介するタレントの林寛子さん、キャッシー中島さんの本がヒットし、一気にブームが到来した。月見草油に入っているガンマ・リノレン酸という脂肪酸がダイエットに効くというのだ。早速海外から種子を輸入し、国内で製品化する。搾油・精製を委託した国内の会社を訪問した際にそこの創業家の人に会ったのだが、何とその人は大学のゼミで同級という奇遇であった。付加価値が高いので課の決算に大きく貢献した時期もあった。月見草は、品種によってこの特殊な脂肪酸の含有率は大きく異なる。高含有率の品種を栽培している農場を視察する必要があり、ハンガリーなど東欧諸国にも出張した。初めての国を訪問するのが好きな私にとっては一石二鳥だった。窒素充填したドラム缶でイギリスに月見草油を輸出したこともある。輸入、製造、販売を担当する数社で中国の産地を訪問し、吉林省で好太王の碑を見たり、桂林では漓江下りを楽しんだのもいい思い出だ。

しかし、格言にある通り、「山高ければ谷深し」で、ある時期需要が急速に縮小した。在庫を抱えたまま他部署に異動することになり、後任には迷惑を掛けることになってしまった。通期では黒字だったのだが。

中国吉林省　好太王の碑

中国桂林　漓江下り

社内外勉強会

私は文系で、食品原料を取り扱う「食糧部門」出身だが、食品原料に含まれる機能性に興味を持ったことから、伊藤忠の食糧・食品関係のグループ会社の技術者に集まってもらって食品産業研究会という勉強会を立ち上げた。文系の人間が技術系の方々との「勉強会」を纏めるので、実質は殆ど飲み会となる。アウティングと称して1泊2日の小旅行にも定期的に出かけた。これらを通し、文系、技術系の交流の大切さだけは実感した。

この会で伊藤忠商事の開発資金を取得、伊藤忠製糖が培養装置を購入し、オメガ6のガンマ・リノレン酸を産生する菌体を培養したことがある。この脂肪酸は月見草以外にもボラージュという植物にも含まれているのだが、菌体培養でも得られることが分かって、これに挑戦したのだった。

菌体を乾燥させたものを鶏に給餌したところ、腹腔内の脂肪が少ない肉ができ、特許を申請するところまで漕ぎつけた。しかし、審査請求はしていないので埋もれた技術となっている。最近はシソ油に多く含まれているオメガ3のアルファ・リノレン酸が脚光を浴びているが、これは大豆油にも含まれていることもあり、複雑な心境だ。その後、2020年に油脂部の部史第二部が発刊されることとなり、ここにはガンマ・リノレン酸に就いて寄稿した。

このころ、「FORUM80」という勉強会に、会社から派遣してもらった。元外務大臣で著名なエコノミストでもあった大来佐武郎氏が立ち上げた異業種交流会で、1年に亘って毎週違う講師の講演を聴いて討論をする。会社から派遣される人が殆どで、後に大手企業の役員や国会議員になるなどそうそうたるメンバーだったが、個人参加の方も何人かおられた。その内のお一人が岩田清文氏だ。精悍な顔つきで、見るからに防衛官の風貌。防衛大学から防衛庁（現防衛省）に進み、最後は陸上幕僚長を務められた。

この会では講演や議論が勉強になり、加えてクラスの仲間との繋がりも深まるので皆勤しようと決めていた。時間的にきつい和歌山出張などもあったが、何とか一人だけ皆勤賞をいただいた。大豆の商売は夜なのだが、奇跡的に重ならなかったのがありがたかった。我々の期は１９８７（昭和62）年にスタートしたので、62をもじって「無二の会」と称している。50人ほどのクラスで、今でも皆で集まるが、それぞれ専門分野が違うので、飲み会で聞く発表も毎回大変勉強になっている。

首相官邸での「組閣」。前列左から２人目。
（首相官邸写真室撮影）

岩田清文陸幕長（左）と「サガミ」にて

外食担当に

「普通なら『つまらないものしかありませんが』と言うのですが……」と食料分掌副社長。油脂部から食料開発室に移っていた。本社22階の役員食堂で、伊藤忠が取り扱っている食材をまとめて外食大手、ロイヤルさんにプレゼンした時のことで、当然、全てが「お薦め」だ。さすがは総合商社、取扱商品だけで前菜からデザートまでありとあらゆる食材が揃うのだ。

1989（平成元）年4月、食料開発室に外食産業チームが新設され、初代チーム長として4社の合弁企業の設立に携わった。

まずはCSUレストランシステムズ。CSUは伊藤忠（当時はC.Itoh）、サントリー、UCCの頭文字だ。昼間はコーヒー、夜はパブの二毛作。1号店は伊藤忠商事本社の敷地内にあるCIプラザ（現ITOCHU GARDEN）にオープンした。オープニングセレモニーでは伊藤忠商事の米倉功社長、サントリーの佐治敬三社長、UCCの上島達司社長とCSUの丹羽宇一郎社長がテープカットした。しかし、何とその後SとUが2社だけで同じ業態の「プロント」を展開する会社を立ち上げた。各社トップがテープカットしているだけに、その理不尽さから丹羽社長（伊藤忠商事食料部門企画管理部長）がプロントのS社出資分の一部買い取りで了解を取り付けてくださった。結局買い取りはせず、暫くCSUとして経営を続けたが、4店舗まで展開して撤退した。4社長揃い踏みのテープカット時の写真が見つからないのが残念だ。

次は当時世界最大の産業給食会社だった英ガードナー・マーチャント（GM）との合弁でのGMジャパン。伊藤忠グループの社員食堂を主に受託することでスタートした会社だ。

ロイヤルさんとは合弁で2社。まず折半出資でR&CIフードサービスを設立し、北九州市のスペースワールド内で「スターライト・カフェテリア」を立ち上げた。当初は1店舗だけで数千万円の利益を計上したが、その後来客の動線が変わって売上が激減、結局は撤退した。

もう1社は関西新空港での機内食事業。ロイヤルさん主体で、シンガポール航空とキャセイ航空も株主として加わった。直前の注文変更への対応のため、空港島内での工場立地確保が必須となる。2、3社分の土地に商社3社が別々に入った6グループが手を挙げて、商社の空中戦とも言われたが、幸い伊藤忠のグループは参入できた。しかし、会社設立後は、航空会社側は合弁会社の育成よりも、機内食を安価に調達する方に関心が移り、難儀した。

結局、合弁4社全てから撤退か会社清算を余儀なくされたが、どうすれば外食で失敗するか、という貴重な勘を養ったことにはなる。

東京青山の CI プラザ（現 ITOCHU GARDEN）

最高峰で「外食」学ぶ

世界には外食に就いて学べる大学が数多くあるが、その中で、米コーネル大学のホテル経営学部（ホテルスクール）はトップクラスとされている。外食産業チーム長2年目の1990（平成2）年7、8月の7週間、そこでのCPDという夏期講座を受講した。毎週新たな講座で学ぶのだが、毎日膨大な資料を読み込む必要がある。スキムしろ（ざっと読んで意味を掴め）とは言われるものの、悲しいかな日本語と違って斜め読みができない。しかし、この時期は人生で最も勉強したように思う。

授業では、例えば世界中から来ている生徒に好きなレストラン名を聞いていく。クラスでは本人以外は誰も知らない店名だが、それはなぜかと問うていくと、サービス、味、価格、交通の便などなどの価値が帰納法で浮き彫りにされていく。或いは、サービスで100点満点の所、何点を目指すべきかと問われる。80点とれればいいのではないかというのがクラスの大勢だったが、先生からは、飛行機が2割落ちると知っていて乗るか？　と問いかけられる。色々と勉強になった。

1週間が終わり、次の講座が始まる前の一日は束の間の休日だ。キャンパスはニューヨーク州北部のイサカにある。図書館にはさまざまな本が揃っていて、面白そうな本を選んで読んだ。近くにはシラキュースという町もあるが、これらはかつての郡長が古典好きな人で、ギリシャのイタカやギリシャの植民都市だったシラクサから名づけたそうだ。興味深かったのは、アメリカの独立戦争時代、インディアンは米と英に付く部族に分かれたということだ。これは日本でも本にしたら面白いのではないかと思う。

イサカにはカナダのトロントからイスラエル時代の友人リタが友人と二人で

訪ねて来てくれた。近いとはいえアメリカは広い。車で8時間かかったそうだ。私がトロントに飛ぼうとしたところ、空港でパスポートを忘れていたことに気が付いて、週に何便もない飛行機に乗れなくなってしまい、無理を言って来てもらったのだった。アメリカとカナダは地続きだし、国際電話の国番号も同じなので、パスポートは不要だと思ってしまっていたのかもしれない。

帰国後、ホテルスクールを卒業された方々と飲む会を作り、事務局を務めた。私は7週間だけだが、2年間みっちりと学ばれた方々の中にはテレビで特集が組まれた方が何人かおられ、業界で大いに活躍しておられる。私の海外赴任でこれは中断したが、帰国後、新たに立ち上がっていた会に入れていただいた。

創立者の一人、エズラ・コーネルの銅像

CENTER FOR PROFESSIONAL DEVELOPMENT

School of Hotel Administration
Summer 1990

Leadership and Motivation **June 25-29**

コーネル大学夏季講座の一つ（前列右から５人目）

ミッキーズ・キッチン

「これだ！これを伊藤忠でやりたい」――。米ディズニーが外食事業として「ミッキーズ・キッチン」を立ち上げたことを知った。ディズニーは小売のディズニー・ストアに加えて外食にも進出しようとしていたのだ。ストアの方は単位面積あたりの売上が群を抜いて高く、社内で検討すると、外食ではなくストアに取り組むべきではないか、ということになった。

しかし、私は外食産業チーム長であり、外食をやらずに小売だけというわけには行かない。ストアをやりながら外食も狙おうと考え、ディズニー側と交渉に入った。何度か面談し、伊藤忠は最終候補3社の中に入り、いざこれから、という時に上層部から突然中止命令が来た。

伊藤忠が全社的取り組みとして極秘裏に進めていたタイム・ワーナーとの提

携が大詰めだというのだ。同社傘下のワーナー・ブラザーズが、バッグスバニーのいる「シックス・フラッグス・マジック・マウンテン」というテーマパークを手がけており、競合を回避しなければならないという。仕方なくカリフォルニアはバーバンクの本社にお詫びに参上したが、こちらが断念する以上、「タイワナ」との提携は何としても成功させて欲しいと思ったが、無事契約に漕ぎつけてくれた。一方、米国のミッキーズ・キッチンは2店舗で終了したので、撤退は正解だったのかも知れない。

次に力を入れたのが、同時並行的に進めていた冷凍寿司だ。コンビニに短時間で解凍して陳列できれば、一日複数回配送の必要がなく、廃棄ロスも削減できる。そこで、ブラザー工業と組んで真空電子レンジで挑戦することにした。

高山でご飯を炊くと気圧が低く、沸点が低いので芯が残るという。加熱してもマグロが「ツナ」にならない程度に真空度を上げる仕組みで、電子レンジであれば急速解凍できるし、店内設置も可能だ。もともと凍結では急速凍結が可能だったが、急速解凍は実用化されていなかった。氷点下1－5度とされる最大氷結晶生成温度帯の通過時間を如何に短時間に抑えるかが品質保持のカギなのだが、これはこの問題を解決できる画期的な方法だ。

これは日経新聞に写真入りで取り上げられ、社内でも会社発行のリクルートブックに2年連続で新技術に挑戦する食料部隊として掲載された。しかし、完成間近となったところで、外部環境に大きな変化があった。

伊藤忠商事のリクルートブックに掲載された筆者の記事「冷凍寿司の開発」。写真の女性は基幹職学（総合職）の木村典子さん。

再びイスラエルへ

1993（平成5）年9月13日、米ホワイトハウスでイスラエルとパレスチナの和平合意が調印された。クリントン大統領とイスラエルのラビン首相、パレスチナのアラファト議長が固い握手を交わし、これを契機に中東和平の機運が一気に高まった。翌94年にラビン首相、ペレス外相とアラファト議長がノーベル平和賞を受賞している。

この直前の8月20日にノルウェー主導の「オスロ合意」が発表され、パレスチナ暫定自治政府の創設が決まっていたが、この調印はそれに米国の「お墨付き」を与えるものだった。オスロ合意は発表までは極秘裏に交渉が続けられていたが、その合意の1週間ほど前に、伊藤忠本社で室伏稔社長と役職者との懇談会が開催された。その場には20人位のグループがいくつもあったが、私は一人で5件提言させてもらった。その中の一つが、イスラエルでの事務所開設だ。すぐには難しいとの回答が社長直筆の書面で届いたが、視察団派遣に繋がった。国内・海外それぞれ5人のメンバーの一人として、22年ぶりにイスラエルの地を踏む。そして1994年4月に事務所が開設され、私は初代の所長となった。日本の全商社の中で第一号だ。

冷凍寿司は完成度が高まっていたが、このままで引き継ぐと先行きが懸念された。しかし、会社に冷凍寿司で貢献するのか、イスラエルで貢献するのかと考えると、歴史的なタイミングでもあり、自分の特異な経歴を活かすことを優先させるべきと考え、後者を選んだのだった。

イスラエルはエルサレムを聖地とする三大一神教の坩堝だ。イスラム教、ユダヤ教、キリスト教で休日が金、土、日と1日ずつずれるので、週7日労働も可能だ。週6日は18時間、ユダヤ教の休日である土曜日だけ12時間労働を続けた。自ら手を挙げて赴任したので、長時間労働は全く苦にならないどころか、これを大いに楽しみ、毎日が充実感に溢れていた。

アラファト議長は1994年7月にエジプトからガザ入りし、その模様はテレビ中継された。丁度来訪していた、NHKで解説委員だった義理の従兄、平山健太郎氏が会いに誘ってくれた。初めての海外旅行で海外特派員を紹介して下さった方だ。ガザ入りしたその月に議長に面談でき、記念撮影にも応じてもらった。

当時はテルアビブからイスラエルナンバーの車で議長府前まで直接行ける時代だった。

中々信じてはもらえないが、夜中にガザの街中を歩いても安全そのものだった。アラファト議長からいただいた直筆の書状が見つからないのが残念だ。

1994 年 7 月パレスチナ議長府でアラファト議長と握手

テルアビブでは他社の事務所を間借りして仕事を始めた

優秀な社員

「持って行ってもいいけど、使うなよ」。MBA（経営学修士）と弁護士資格を持つ優秀な社員がパレスチナ自治区のヘブロンに出張する際に、アタッシェケースにピストルを忍ばせるというのだ。イスラエルでは国民皆兵、普通のユダヤ人はみんな銃の取り扱いは心得ている。毎年一定期間兵役に服するので、機関銃を自宅に持っている人も多い。

ヘブロンはパレスチナの主要都市の一つだが、ユダヤ人、アラブ人共通の祖先であるアブラハム（アラビア語ではイブラヒム）の墓所などの遺跡もあり、時々緊張が高まる地域だ。同行するのは同じ事務所のアラブ系イスラエル人。ユダヤ人とイスラム教徒アラブ人が同じ職場というのは珍しいかも知れない。しかし、全員仲が良く、このアラブ系イスラエル人は今も在籍だ。

ピストルといえば、射撃場を思い出す。市内にピストルを撃てる施設があり、何回か試してみた。どうせならとマグナム45とかいう非常に重たいピストルに挑戦した。弓をやっていたせいではなかろうが、よく当たった。すると、人の形をした的の前に同じものを斜めに重ねて、後ろの犯人だけを狙えという。これも当たるのだが、重過ぎて20発くらいが限界だった。イスラエル人はオリンピックの射撃で何故かメダルを取れていない。不思議なものだ。

伊藤忠テルアビブ事務所は多士済々だ。一時期、秘密諜報機関モサドを受験したという人が在籍したこともある。新聞に「モサド要員募集」といった広告が出る時代だ。ＭＢＡを取得してハイテクのマーケティングを担当した人は、長く貢献してくれた。この要のハイテク担当者は伊藤忠アメリカのニューヨーク本社にヘッドハントされたが、米国でのポジションはバイス・プレジデントだという。部長級だ。本人の将来を考えて了承したが、後任を急いで育てなければならない。テルアビブ大学でＭＢＡのクラスを首席で卒業した人を採用し、有力ベンチャー・キャピタル・ファンドに入れて研修させた。

部下を育てるのは楽しい。先の「ピストルマン」は、退社後にスタートアップ企業の役員を経て政府の要職に就き、イスラム教徒アラブ人は当初運転手で入社したのだが資格を取得したりして食料や物産を担当するまでに成長。秘書は退社後ハイテク企業で日本向けマーケティングを担当している。

社宅での米国赴任者送別会（床に座っているのが筆者）

独立記念日。パラシュート部隊の降下を自宅窓から。

豊かな発想と実行力

イスラエルに赴任したのが１９９４（平成６）年４月。最初の１週間で、あるハイテク企業を本社に紹介した。画像圧縮復元の最新技術を持つ会社だ。しかし、回答は「興味なし」。赴任前に営業各部門の経営企画室長と面談していたので、そんなはずはなかろうとそこに相談すると、ある部署から「面白い」との返答。なんと、紹介した同じ部で隣の課だった。これを皮切りに、本社やグループ会社がファンドへの投資や日本での代理店権獲得などでイスラエルに頻繁に出張で来てくれるようになった。赴任当初は秘書も運転手もおらず、アポ取得、空港・ホテル送迎を含めて全て一人で対応しなければならなかったが、来訪者が一様にイスラエルを好きになってくれたのが嬉しかった。

イスラエルはハイテクの宝庫だ。発想が豊かで、我々日本人が１を聞いたら

10を知るのが得意だとすると、彼らはゼロから1を創るのが得意と言える。「御社と弊社で1＋1を3にしましょう」とわれわれは考えがちだが、彼らは11にしようといった発想をしてくる。ユダヤ人が2人集まると政党が3つ出来るとか言われるのも強ち誇張ではないかもしれない。

テルアビブでは海岸沿いに社宅があり、一人で200平方メートルのワンフロア。これほど贅沢な社宅も少ないのではなかろうか。眼下に地中海が広がり、居間のソファから夕日が水平線に沈む瞬間を眺めつつお客様と乾杯したものだ。又、たいまつをいくつも掲げて砂浜でBBQ。これはお客様に大いに喜んでいただけた。

ユダヤ人の発想はグローバルだ。ある時、トルクメニスタンでのポリプロピレンプラント建設情報を本社に紹介して実現し、これはその後の製品取り扱いにもつながっている。イスラエルは世界の約60都市と空路で結ばれていて、中央アジア諸国とも直行便がある。ただトルクメニスタンにはなかったので、取引先の社有機に何度か同乗させてもらった。

イスラエルでは空港でチェックインをする際に「尋問」をパスしなければならない。ハイジャックを防ぐためだ。出張者で2時間ほどの「質問」を受けたケースもあったが、社有機ではものの30秒、実に簡単なものだった。9・11同時多発テロの前で、飛行機が凶器化することは想定されていなかったのだろう。工場の建設現場はカスピ海沿岸にあり、折角なので水に触れてみた。死海と合わせ、二つの海抜下の塩湖に触れたことになる。

社宅の眼下に広がる地中海（上）と取引先の社有機（下）

トルクメニスタン　独立記念日

イスラエルとパレスチナ

1999年3月、50歳の誕生日をイスラエルで迎え、社員が皆で飛行機操縦をプレゼントしてくれた。「鎌田さん、やめときなさい」。私はかねがね操縦免許を取ってみたいと言っていたのだが、イスラエルで取れても日本では操縦できっこないでしょというのだ。

確かにその通りで諦めていたのだが、操縦の夢を叶えてくれたのだった。車で誕生日祝いに出かけるというので、レストランだとばかり思っていたら、着いたのは何と飛行場。そこで教官とセスナに乗り込んだ。5分ほど操縦の仕方を教わったら、「はい、飛びなさい」。管制塔との交信と着陸は教官だが、離陸から旋回など、自由に操縦させてもらった。飛び立つとすぐにヨルダン川西岸のパレスチナ上空になる。30分のフライトは実に楽しかった。

テルアビブ事務所はイスラエルとパレスチナの両方を担当するユニークな存在だ。イスラエルではハイテクや自動車などで日本との輸出入で双方向、パレスチナでは政府開発援助（ＯＤＡ）で日本からの一方通行だ。当時の大使館もそうだったが、一つの組織の中でハイテクとＯＤＡを一緒に担当するのは珍しいことだろう。

食料出身なのでハイテクは門外漢。ＯＤＡも完全に未知の世界だった。しかし、ハイテクは勿論、病院、学校、下水などの援助でも幾らでも仕事はあり、本社が大きな関心を寄せてくれたこともあって、実績を積み上げていくことができた。

パレスチナでの最初の仕事はヨルダン川西岸にある旧ジェリコ病院の改修工事。ここは紀元前９０００年の遺跡のあるオアシス都市で、海抜マイナス４００メートル。海抜下の飛行も可能なところだ。アラファト議長の弟、ファトヒ・

アラファト赤新月社（赤十字に相当）総裁にも何度かお会いする機会があった。当時はまだＯＤＡが正式にスタートする前で、大使館の草の根資金で行うものだった。これを伊藤忠が落札、第二次改修も受注した。これは私が入札に参画した初めてのケースだ。

これを契機に、アラビア語研修生でオマーン駐在員だった大原俊一氏に移駐してもらい、テルアビブ事務所は一時２人体制となった。結果、パレスチナ向けＯＤＡで最初の大型案件である新ジェリコ病院では、建設では大林組、機器は伊藤忠商事が受注し、建設でも伊藤忠は協力商社となった。この流れでパレスチナのガザに伊藤忠の事務所を開設した。

結婚式で主賓をお願いした伊藤忠商事の戸崎誠喜元社長はご夫妻が共にクリスチャンで、お二人で聖地訪問に来訪された際、エルサレムなどをご案内した。奥様にダイヤモンドをプレゼントしたいと希望されたので、ご用立てした。

セスナ操縦という夢が実現した

ファトヒ・アラファト、パレスチナ
赤新月社総裁（アラファト議長の弟）と

クリスチャンの戸崎ご夫妻が聖地エルサレムにご来訪。
ローマ時代のメニューを出すレストランにて

イスラエル生活

イスラエルは面白い国だ。今でこそ進出日本企業数が約70社になっているそうだが、以前は商工会のメンバーはその一割程度だった。私の時代、9大商社の内7社がバラバラと進出し、多くが撤退したが、私にとっては。猫に鰹節ならぬ、鰹節の家に住みついた猫の心境だった。そうすると、至る所に埋まっている「金鉱脈」が自ずから目に飛び込んでくる。

伊藤忠商事自体の規模は大きいが小さな海外拠点は経営資源が乏しく、メリハリを利かせる必要がある。そこでイスラエルの強みと伊藤忠の強みの縦糸と横糸が交わるところに注力することとした。

イスラエルは地上資源、換言すると人工資源が豊富だった。そこを活用することで、7年半の駐在の内、最後の3年間だけで、合計取扱高千数百億円、本社貢献利益数十億円という成果を出すことができた。

まだ3Dプリンターという言葉が一般的ではなかった頃、この分野のスタートアップ、「Objet社の黎明期にお手伝したことがある。起業が成功するには「死の谷」を乗り越えなければならないが、その為には「7つのM」が必要だと私は考えていた。マテリアル（技術など）、マン、マネー、マシン、マーケティング、そしてそれを纏めるマネジメントに加えて、ヘブライ語のマザール（幸運）の7つだ。これは自分の「発見」だと思っていたが、1966年に他界した父の65年の手帳にはマザールを除いた6つが書かれていた。要は昔からこの6つは会社の成長には不可欠なのだと悟った。

同社からは大変感謝され、離任する時にお餞別としてストックオプションをもらった。後年、同社が米国の大手企業に買収された際に、3億円の価値となったが、帰国時に上司から「返せ」と言われて返してしまっていた。3億円あればどれだけワインが飲めたかと思うと残念だが、人間万事塞翁が馬だし、何事もオープンにする性格なのだから致し方ない。

その間、英語だけで受講できるＭＢＡコースが開設されたと聞き、英ブラッドフォード大学大学院の分校に通った。２年間で座学を終えたが、２００４年に督促状が届き、慌てて提出して無事卒業。卒業式には母を誘った。母は写真クラブに入っていたので、その足でアイスランドに行き、オーロラに挑戦させたかったのだ。残念ながら２日間とも見られなかったが、間欠泉や巨大な温泉などが撮れたようだった。50歳を過ぎてＭＢＡを取得したので、ありがたいことに伊藤忠商事の小林栄三社長から食事のお誘いを頂戴した。

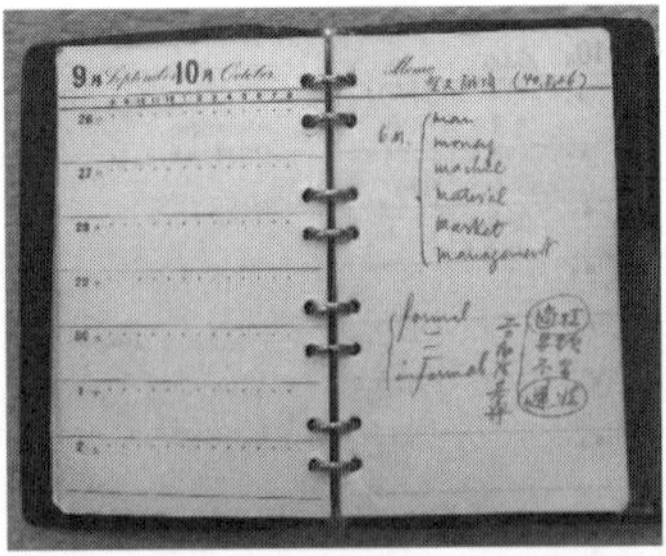

父のゼネラル時代、1965年の手帳。6Mが書かれている。

スタートアップ企業Objetの25年前の作品と、
帰任時にいただいたストックオプション証書

大型契約を落札

「お疲れ様でした」。２００１年9月にイスラエルを離任したが、その時テルアビブで受け取った他社の所長からの送別メッセージは海外からだった。９・11同時多発テロの時は後任と引き継ぎの真っ最中。他社の所長は直ちに日本などに脱出し、イスラエルに残ったのは私と後任だけ。イスラエル人は、日本で地震に遭うと小さなものでも慌てふためくが、テロには強い。日本人は逆だ。現地社員の意見を聞くと、どこに居ても同じ、イスラエルは安全だという。結局、最後まで引継ぎをして帰国した。

帰任先はコンパスグループジャパン（ＣＧＪ）。世界最大の産業給食会社である英コンパスグループと伊藤忠商事の折半出資の会社だ。以前は英国のガードナーマーチャント社（ＧＭ）が世界最大だったが、その後コンパスが企業買収を重ねて一気に世界トップとなっていた。

ＣＧＪは伊藤忠グループの社員食堂を中心に請け負っており、交渉で契約先を少しずつ広げていたが、入札では一度も勝てたことがなかった。以前、ＧＭ社との合弁会社を担当していた経験を活かし、副社長として入札には積極的に取り組んだ。

最大のターゲットは新築されるテレビ朝日の社員食堂。長年他社が受託していたが、結果としてここを受注する。これを含め、半年間に6回の入札があって4回落札し、コンパスは急にどうしたのかと業界の注目を浴びたようだった。

産業給食分野は病院・学校給食を含め、興味深い業界だ。厨房などの設備は委託者が用意するので、業者は食材と人材を揃える業態である。日本では売上が1，０００億円規模の企業が数社あるが、世界は広い。英仏米のトップ３社の売上は1～3兆円規模だ。

コンパスでは、受注した米ソールトレイクシティの冬のオリンピック選手村、ニューヨークでは国連やカーネギーホールなどの現場を視察した。米子会社の社長は社有機で飛び回る。欧州の刑務所では受刑者が調理するのだが、コンパスの事務所に包丁を取りに来る。打ち合わせ中に振り返って見るのは失礼だろうと我慢したが、後ろを通られた時は身構えたものだ。平時はもちろん、戦時の軍隊にも食事を提供する。豪州などで人里離れた土地での巨大な採掘現場には、従業員が街と往復できるよう、飛行場までも作ってしまう。豪快な世界があるものだ。豪州に出張した時は同時多発テロ後の混乱時期だったので、空港で爪切りや鼻毛切りを没収されてしまった。これでどうやってハイジャックするというのだろうか。

社員食堂の運営を請け負った（テレビ朝日本社）

米ネブラスカ州との繋がり

「今度、日本に事務所を作ろうと思っているんだ」。米ネブラスカ州政府の人から相談された。CGJから伊藤忠本社に戻っていた時のことだ。農産物で多少接点があったからだろう。来日しているというのですぐさま面談すると、事務所長候補者と事務所候補が複数あるという。

私にもアイディアがあるといって待ってもらった。その時瞬時に考えたのが、伊藤忠商事油脂部の上司でネブラスカ州にも住んだことのある永坂浩二氏と信濃町にあった伊藤忠グループ企業の事務所。結果、ネブラスカ州初の海外事務所はその提案通りとなった。2006年のことだ。ちなみに、今は所長が交代し、事務所も移転している。

ネブラスカ州は米国の中央部にあり、州都はリンカーンで州議会は全米唯一の一院制、最大の都市はオマハで世界的富豪のウォレン・バフェット氏の本拠地としても知られている。

何度か現地を訪問し、先方からも来日する中、ハイネマン前知事を公邸にお訪ねする機会があった。知事の奥様にご挨拶すると、「ファーストレディ」という名刺をくださったので、この称号は連邦政府だけではないのだと知った。奥様はレバノンご出身ということがわかり、次回の来日時にはカルロス・ゴーン氏夫人経営の「マイレバノン」にご案内するとお伝えしたが、ここは数年前に閉店してしまった。私が訪店した際には偶然ゴーン氏もいて、写真撮影に応じてもらっている。

2015年5月、バークシャー・ハザウェイ社の株主総会がオマハで開催された。

私はもちろん株を持っていないが、州政府からの招待を受けて、家内と個人で出席させてもらった。質問に対するバフェット氏の回答に関心があり、また、丁度50回目ということで、トップ人事にも興味があった。その際にバフェット氏の自宅を見にいったら、何と隣の土地が売りに出ていた。観光客がバフェット氏の自宅を窓越しに見ながら食事ができる絶好の立地だ。面白いことに対価は現金ではなく、同社A株式20株。会社として買えない金額ではないが、氏の年齢を考えて見送った。

帰りはニューヨーク経由。住んでいたアパートを家内と見に行って昔を懐かしんだ。

2017年、現リケッツ知事が来日され、現在は閉店している当社青山店で蕎麦打ち体験後に、同州からの豚肉を直輸入する覚書の署名式を行った。こうして同州とは今でもつながっている。

知事２組（ハイネマン前知事夫妻　筆者夫妻、
リケッツ現知事夫妻と筆者）

バークシャー・ハザウェイ社50回目の株主総会

第3章　名古屋へ

名古屋へ

２００７年３月、名古屋に赴任した。海外勤務はあるが、国内転勤は初めてだった。私の周りで名古屋に関係する人は二人、名古屋大学卒の丹羽宇一郎元伊藤忠商事社長と岳父だ。

家内の父、舟橋正夫は名古屋の医者の家に生まれ、山口尋常小学校を5年で修了し、愛知一中、八高、東京帝大と進んだが、この３校でトヨタ自動車の豊田英二氏、安藤七宝店の安藤武四郎氏とはずっと一緒だった。豊田氏のことを「えいじ」と呼んでいたそうだ。「愛知一中物語」や「八高70年祭」には綺羅星《きらぼし》の如く著名人が出てくるが、これらの本でお二方と同期だったことが分かる。

１９８４年9月17日の日経「交遊抄」で、東京モノレールの岩松茂輔社長（元日立製作所）が八高を昭和8年に卒業した「八八会」の同期として、豊田英二氏や安藤武四郎氏と一緒に岳父を紹介して下さっている。

戦時中は1942（昭和17）年1月に2度目の召集を受け、10月にガダルカナル島に派遣されている。略して「ガ島」というが、食料補給がままならず「餓島」とも呼ばれた。そこからブーゲンビル島に「転進」（実際は撤退）し、終戦で豪州軍に捕虜となる。ブーゲンビル島は山本五十六連合艦隊司令長官終焉の地としても知られている。「転進」の際、船に引き上げられた兵隊は皆、細い丸太のようだったと述懐していた。

帰国して古河電工に復職し、労働組合委員長や社長、会長を歴任した。社長時代にイランに出張した際にイラン・イラク戦争が勃発して、本社では随分心配したそうだが、ガダルカナルでの経験があったせいか全く動じなかったようだ。転勤は一切なく、40年間ずっと本社という珍しい経歴だった。

元陸軍中佐で大本営参謀だった瀬島龍三氏（元伊藤忠商事会長）と面談した

際に「転進」に感謝の念を伝えたところ、瀬島氏が実際に「餓島」を視察し、撤退をしたことがない日本軍にあって初めて撤退（軍では「転進」）しかないと進言してこれが聞き入れられたと聞かされたといっていた。転進がなければ全員玉砕だっただろう。

瀬島氏は伊藤忠社内の講演で、シベリア抑留時代は左官の仕事をしたので、陸軍の「佐官」から人偏が取れたと言って笑いを誘っておられた。

岳父は経団連で委員長も務め、１９８５（昭和60）年11月、勲二等旭日重光章を受章した。

岳父の舟橋正夫が勲二等旭日重光章を受章

「愛知一中物語」と「八高 70 年祭」

名古屋へ（続き）

岳父は出征する前に松原敬子と婚約し、復員して結婚式を挙げ、光郎と葉子を授かった。結婚した時に家内の本籍が名古屋だったが、これは岳父の本籍がずっと名古屋だったからで、他界する年まで本籍はそのままだった。古河電工ではサッカー部を担当し、サッカー部後援会の初代会長で、優勝した時は監督よりも先に胴上げされている。役員の時は海外遠征の団長も務めており、東京の自宅には日本サッカー界のキーマンたちがよく来られたそうだ。お手伝いさんもいない、贅沢をしない人だったのでお金が欲しいからではないが、社長業の大変さから、社長と副社長とは報酬が倍違ってもおかしくないと言っていたことを覚えている。

名古屋東区坂上町（現徳川二丁目）で岳父の自宅がかつてあった場所を家内

と訪ねた時、そこはうどん店になっていたが、そこの人が「舟橋家」を覚えてくれていたのは嬉しかった。

丹羽宇一郎氏も生粋の名古屋人で、弊社が名古屋の会社であることもあり、顧問をお引き受けいただいている。取締役会には毎月ご出席下さり、その前日の晩は役員から中堅社員まで入れ替わりで会食の機会を頂戴している。第一回の時は、名古屋財界のそうそうたる方々にもお声がけいただいたので、大変な会食となった。それ以降も、直接謦咳に接して毎回示唆に富むお話しをいただけるので、出席者一同、大いに勉強になっていた。早くリアル出席が再開されることを願っている。

私は、というと、社長になっても当初は伊藤忠商事の名古屋の単身寮に住んでいた。申し込んでおくと寮の管理人が朝晩の食事を作ってくれるし、ごみは好きな日に出せたので使い勝手が良かったが、その後伊藤忠が寮を解約したので、やむを得ず退寮した。引っ越し先は池下の春岡だが、池下はサガミがユニーの店舗外に初めて店を構えたところであり、第二の故郷ともいえるテルアビブは「春の岡」の意味なので気に入っている。

名古屋勤務となって家内とは離れ離れになってしまったが、旅行には何度も行っている。駐セネガル大使の方からお声がけをいただき、ここが私の100か国目の訪問先となった。私はセネガルに行きたく、家内はフランスだ。セネガルはフランス語圏でもあり、パリ経由とした。南北東アフリカの国には行っていたがセネガルは西端だ。因みに、欧州の西端はポルトガルのロカ岬だが、ここも一緒に行っている。また、モナコでは一点豪華主義で最上級ホテルに宿泊したらカザフスタンのナザルバーエフ大統領と同じホテルだった。写真は家内の誕生日に奈良のホテルに泊まった時のものだ。伊藤忠ＯＢでもある森精機の森雅彦社長から紹介されたホテルで記念になる旅行となった。

夫婦で旅行（奈良のホテルで）

夫婦で旅行（パリのレストランで外食関係者夫妻と）

サガミへ

15年前の2006（平成8）年、当社は、穀物の取扱高で日本一の食品会社で小麦粉・植物油などで知られる昭和産業さんと伊藤忠商事から数%の出資をしていただいた。人材派遣の要請を受けた昭和産業さんから伊藤忠に打診があり、2007年3月に私が赴任することとなった。将来社長にするなどといった約束は勿論ない。徒手空拳だった。

初年度は役員待遇の管理本部長で出向し、翌年伊藤忠を退社して取締役に就任した。当時のサガミは厳しい業績が続いていたので、業務改革推進室を新設して室長を兼務させてもらい、公募でテーマ毎に10人ずつ、6チームの力を結集した。

会社の強みと問題点が判ったが、特に社員が非常に優秀であることが分かり、大いに勇気づけられた。1年間の研究成果を年度末に経営トップにプレゼンして終了したが、チーム員間の絆が深まったのは一つの成果だ。

3年目は常務開発部門担当。ここでは担当者では難しい大家さんとの交渉も受け持ち、ある地主さんとは3回面談して月額50万円ほど値下げしていただいて10年契約を結んだ。合計で約6，000万円の経費削減だ。

4年目は常務事業開発担当。ここでは他社のフランチャイズ（FC）事業に取り組んだ。サガミグループには大型店の和食麺処「サガミ」や小型セルフ店の「どんどん庵」といった業態がある。「どんどん庵」はうどん、そばに加えてきしめんもあり、自分で湯がくユニークな業態だ。業績低迷店対策として、上場外食企業で利益率が高く、且つFCを展開している企業をリストアップ。

結局、大型店では「サガミ」を「丸源ラーメン」に業態変更、小型店では「かつや」をFC展開することとした。しかし、その後経営体制刷新と共に業績が回復して、低迷店がなくなってしまったこともあり、それぞれ3店舗、2店舗で終了し、収益事業として他社に譲渡した。

並行して進めた他社ブランドとして、たい焼きの「たい夢」がある。昭和産業さんのグループ会社が手がける業態だ。サガミは大型店なので、店舗に依っては駐車スペースに余裕がある。飲食店の経営には月・坪売上というモノサシがあり、10万円でも悪くないのだが、「たい夢」の1号店は当初3坪で450万円を売上げたので、150万円という驚異的な数字を叩き出した。これは創業以来の最高記録のようだ。複合店舗を2020年度から複数出店しているが、その嚆矢である。

和食麺処サガミの店舗

「たい夢」の店舗　過去最高の高率売上を記録した１号店

サガミの改革①

「いつやるか？」「今でしょ、じゃないでしょ！」２０１1年1月、晴天の霹靂で社長に就任した。当時は1月20日が年度決算の締め日で、1月の異動であった。先の答えは「昨日でしょ、おとといだったでしょ」という気持ちだった。そこで、2周回遅れを取り戻すべく、「V字回復」を宣言した。

イスラエルでは経営資源が限られていたので、縦糸と横糸、つまり、国と伊藤忠商事の強みの交差するところに注力してそれなりの成果を挙げることができたが、もう一つの成功要件は、ユダヤ人の得意な0から1の発想の活用だ。例えば、歯を一度生え変わらせるDNAを再度活性化できないか、腸まで届くカプセルに無害で強力な芳香剤を組み込めないか、などなど。サガミでもしがらみのない自由な発想で改革に取り組むこととした。成功体験のある組織は変革には及び腰となる傾向があるからだ。

　私の見る当社の問題点は3つ。将来ビジョンがない、議論と情報の共有がない、そしてお客様視点の欠如だ。これに対して強みは4つ。まず味が良い、地元での知名度が高い、高齢化の進捗は和麺業態にはプラス、そして最も大切なことは社員が優秀であることだ。業務改革推進室時代、何人もの社員を（予算がなかったので）無料の社外研修に派遣したが、私ではとても書けないような報告書を上げてくるのだ。

　この4つの強みがあれば、負けるはずがないではないか。しかし、実際には負けている。業績が悪い。何故か。それは企業風土、つまりは経営が悪いからだ。そこでサガミの強みと弱みをベースに、何でもありの姿勢で「サガミの常識は世間の非常識」と認識しながら、ゼロベースでの見直しを進めることとした。最初に合わせた焦点はこの3つの問題点だ。

サガミに来て以来、「今、改革をすれば間に合う、今なら間に合う」と言い続けてきた。これをトップとして実行する時だ。何をどう変えるのか。何といっても最も重要なのは意識改革だ。それには組織改革と制度改革が必要と考え、初年度は20の改革を宣言し、年度内に全て実行した。

役員賞与は長年出ていなかったが、その上、社長の役員報酬を半額返上した。改革初年度で営業黒字化はできたが、減損計上のため最終損益は赤だったので、翌年は更に報酬を削った。改革に取り組む本気度を示すためだ。こうした覚悟を見て、「このおっさんに付いて行ってみるか」と役員や従業員に思っていただけた部分があったのかもしれない。

実用新案登録証
(CERTIFICATE OF UTILITY MODEL REGISTRATION)

登録第３１８１８２４号
(REGISTRATION NUMBER)

考案の名称　容器入り調味料
(TITLE OF THE DEVICE)

実用新案権者　愛知県名古屋市守山区森孝一丁目１７０９番地
(OWNER OF THE UTILITY MODEL RIGHT)　株式会社サガミチェーン

考案者　鎌田　敏行
(CREATOR OF DEVICE)

出願番号　実願２０１２－００７５０２
(APPLICATION NUMBER)
出願日　平成２４年１２月１１日(December 11, 2012)
(FILING DATE)
登録日　平成２５年　１月３０日(January 30, 2013)
(REGISTRATION DATE)

この考案は、登録するものと確定し、実用新案原簿に登録されたことを証する。
(THIS IS TO CERTIFY THAT THE UTILITY MODEL IS REGISTERED ON THE REGISTER OF THE JAPAN PATENT OFFICE.)

平成２５年　１月３０日(January 30, 2013)

特許庁長官
(COMMISSIONER, JAPAN PATENT OFFICE)
深野弘行

2012 年、サガミ初となる実用新案を登録した

サガミの改革②

更に問題点を洗い出して共有しようと、100万人アンケートを実施した。和食麺処「サガミ」の店舗ではかつては麺を全て店内で作っていたが、現在はうどんときしめんは自社工場で生産し、普通の蕎麦は玄蕎麦を店頭の石臼で挽いた粉をベースに店内で製麺している。

したがって、うどん屋か蕎麦屋かと問われれば、当社は蕎麦屋である。しかし、アンケートの結果、多くのお客様が店頭の石臼はディスプレーだと思っていたことが判明した。お客様の視点に欠けていたのだ。蕎麦の美味しさは、「挽きたて、打ちたて、湯がきたて」の三たてにある。朝一番で蕎麦を打ってお昼に提供、午後にまた挽いて夜に提供していたのだが、それでは伝わらないと判断し、石臼を回すスピードを落として、開店から閉店まで回し続けることにした。

また、営業部門と管理部門のトップに交代してもらった。外食の店舗では厨房と接客担当の意思疎通が重要だし、会社全体でも営業と管理部門の相互理解が必要不可欠だ。そこで、意識改革のために荒療治に出たのだ。

社内としては第一人者の人たちが各部署のトップに就いている。しかし、利益が出ていない。何かが間違っているのだ。そこで原則5年以内に異動するルールを導入した。利益が出ていないのに人を替えると、組織の力が落ちるのは明白だ。

もともと社内では100点の力の人が他部署に移ると80点かもしれない。その合計なので総合力は大きく下がるが、これを一時的な問題として急回復させなければならない。元々は優秀な社員なので他部署に移ると成長力は大きく且つ早い筈だ。新たな視点も加わるので、早期に120点にも130点にも到達するだろうと考えた。

もちろんリスクはあったが、これができるのは全責任を負うトップだけだ。ありとあらゆる面での改革を、メリハリを付けて断行した。一方、社員教育には力を入れ、本格的な執行役員制度の導入前には、3年かけて全部長を順番で1年限りの執行役員に任命して、役員会に出席してもらった。また、当時唯一海外展開していた上海では社員の5分の1に当たる100人研修を実施した。ゼロだった教育研修費を毎年数千万円レベルにしたが、その一環だ。新規事業のパン工房「ボンパナ」を他社に譲渡して本業回帰を鮮明にし、効率改善のために守山の製麺工場を廃止した。こうした一連の改革は「実用新案」などと共に意識改革にも大きく繋がったものと考えている。

石臼を回すスピードを落として開店から閉店まで回し続けた

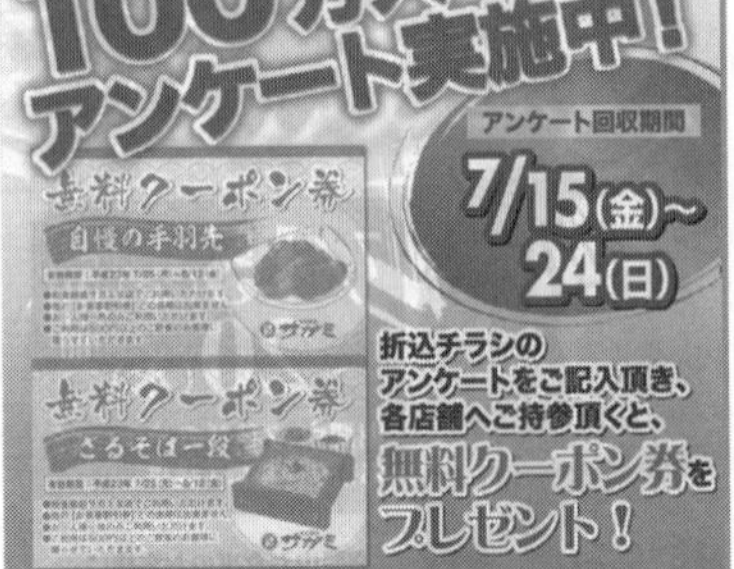

100万人アンケートを実施

味の民芸と合流「がっちり」成長へ

社員の頑張りが実を結び、改革2年度目の2013年3月期には最終損益も黒字となり、即、復配した。5年ぶりだ。社長就任後初めてとなる2011年の株主総会で、配当しないのは家を借りていて家賃を払っていないようなものだと自ら述べた程で、少しでも早く復配したかった。

しかし、配当する現金はあるものの、自社株があるために、会計上の配当原資が足りない。そこでこの金庫株をお取引先様に購入していただいて配当に漕ぎ着けた。その後、株価が大幅に上昇したので、リスクを取っていただいたご恩返しができたのではないかと思っている。

味の民芸フードサービス㈱（本社東京都、ＡＦ）は、手延べうどんの店舗数で日本最多だ。同社との一体化は、サガミに来た翌年に経営陣に提言していたが、当社自体が赤字続きだったので、塩漬けとなっていた。

黒字化達成と同時に親会社の日清食品さんの門を叩き、最終的には全株式を取得する。ＡＦは元々明星食品さんの事業だったが、米国のファンドが触手を伸ばしたので、日清食品さんがホワイトナイトとなっていたのだ。

会社と会社が合流する際に最も大切なのは心と心の融合だ。株式は売買できても、心は違う。２０１８年、テレビの「がっちりマンデー」にＡＦが取り上げられた。テーマは「買収されてがっちり！」だった。我々は「買収」という言葉を一切使って来なかったので、このテーマでの取材の是非をＡＦに打診すると、この番組ならそれでも受けたいという。

そこで進めたのだが、テレビ局側にもご理解いただけ、最終的には「味の民芸とサガミはガッチリ！」という表現に落ち着いた。サガミよりも長い期間赤字体質だったＡＦはグループ入りと同時に黒字化し、「味の民芸」業態は50ヶ月連続で前年同月比の売上がプラス、生パスタ業態の新宿「JinJin」は２０２０年2月で84ヶ月連続のプラスとなった。

手延べうどんの小型業態「水山」は国内では東京・品川の駅構内や、「びんむぎ」の名称で軽井沢駅前のモールに出店して好成績を挙げている。油そば業態の「ぶぶか」の名称には、走高跳のセルゲイ・ブブカにあやかって毎年少しずつでも記録（売上）を伸ばしていこうという思いが込められているが、明星食品さんが発売元の「ぶぶかカップ麺」は油そば部門で売上日本一だ。ＦＣ展開には最適で、頼もしい存在だ。

ＡＦとは人事交流を進めており、現在のグループ経営企画部長はＡＦ出身だ。

味の民芸の店舗。
テレビ「がっちりマンデー」に取り上げられた。

ぶぶか吉祥寺　北口店

ミラノ万博とイタリア出店

「万歳！」。２０１４年の春、ミラノ万博への出店が決まった瞬間だ。万博の会期は２０１５年5月から10月の半年間。そのほぼ1年前の決定だった。

当社のビジョンは「Ｎｏ．１ヌードル・レストラン・カンパニー」。私は当社に来た時に、当社のビジョンとして、「汁麺文化圏世界一」を掲げてはどうかと考えていたが、社長就任後に社員の意見を集約した所、もっと大きな形となったものだ。万国博覧会の長い歴史で、「食」がテーマになったのはミラノ博が初めてだ。そしてイタリアは洋麺の本場である。何としても出店したかったので、出店が決まった際に快哉を叫んだのだ。

直前にプライベートでの欧州旅行の際に現地で調べた所、ミラノが州都のロンバルディア州には郷土食の一つにピツォッケリという、蕎麦麺メニューがあることがわかった。「イタリアでも蕎麦は行けるかも」、期待が膨らむ。

出店決定からはミラノ一直線。２０１４年6月、サッカーのワールドカップ・ブラジル大会が開催された。リオデジャネイロの「ジャパン・プレゼンテーション事業」に参画し、日本政府館で世界のＶＩＰ約2，７００人に手打ち蕎麦を提供して好評を博した。

ミラノの日本政府館は人気が高く、最初は2時間待ち程度だったが、会期終盤では8時間待ちとなったほどだった。館内には日本食を提供する5つのコーナーがあり、そこに7社が出店したが、当社は最初の3ヶ月は売上が1位、次の3ヶ月は2位ということで、通期では1位となった。

これを受けて、イタリアへの出店を模索した。２０１6年の春に街中で2ヶ月間テストマーケティング。これが期待を上回ったことから、２０１7年には12ヶ月の営業。これも計画を上回る業績だったので、本格店舗を出すこととした。

２０１８年1月にテレビ番組「未来世紀ジパング」でテスト期の店舗が放映されている。

この間、現地で日本食のチェーン店を展開する企業から現地駐在員に打診があり、合弁会社設立に繋がった。当社のイタリア駐在員は以前中国にも駐在しており、4か国語を話す国際派だ。同年11月にミラノ中央駅前に合弁1号店を開店し、本社の常勤取締役が全員開店式に出席したが、その際、現地で役員会も開催した。本社以外での役員会は初めてだった。

地道な努力を続けた結果、ＦＣ店舗が徐々に増え、２０２１年9月現在で直営1店舗、ＦＣ4店舗となり、更なる拡大を視野に入れている。

ミラノ万博の会場にて（左から大村秀章愛知県知事、筆者、河村たかし名古屋市長）両首長にご来店いただく栄に浴した

ミラノ中央駅前の直営１号店

ベトナムに「サガミ」を

サガミは２００４年、初めての海外店を上海に出店した。２００３年に現地に会社を設立して駐在員を派遣。感染症ＳＡＲＳ発生で１年遅れたものの、十分に時間を確保できたこともあり、１号店は大成功。繁盛店となった。店名は「盛賀美」。当社の社名の由来は「嵯峨野の味」だが、中国では盛賀美の方がいいと言われたのだ。

５店舗まで展開したが、２０１２年９月の反日デモを切っ掛けに売上が急減し、現在は中国には店舗がないが、中国からの視察団が来てくれたりしているので、いずれ中国ではＦＣ展開を検討したい。

直営店としてはＡＳＥＡＮに注力することとし、２０１４年４月、バンコクにＡＳＥＡＮで初となる店舗を開店、同年５月にはインドネシア・ジャカルタにも出店した。

当社はインドネシアからエビを輸入しているが、粗放漁業なのでエビへの負荷はないものの、マングローブを伐採してしまう。そこで、輸入量に応じて植樹して「サガミの森」を作っている。その植樹式のために出張した際に、大手ショッピングモールのスーパーで、牛肉・鶏肉と同じ規模の豚肉コーナーを見つけた。ハラル対応が必ずしも必要ではないことから出店したのだが、黒字転換が難しく、2018年に撤退した。

やはり、ASEANでは当面はタイとベトナムに注力することとなる。タイではバンコクに4店舗を出店したが、結局は撤退して、今は次の機会を窺っているところだ。ベトナムでは「水山」という手延べうどんの小型業態で2016年7月に進出し、現在は3店舗展開している。

シンガポールの目抜き通り、オーチャードロードの高島屋さんは伝説的な成功例だ。ベトナム・ホーチミン店はその成功ノウハウを注ぎ込んで経営しておられ、当社1号店はそこの地下2階にある。3店共に「水山」だが、いずれは基幹業態の「サガミ」で出店したいと考えている。

ベトナムには、JICAのプログラムに参加して語学・文化研修生を派遣することから始めた。若手とは言え、妻子持ちのアラフォー社員が手を挙げてくれた。JICAの研修センターで約2か月間ベトナム語を1から学び、現地では1年間の研修だったが、日本語はおろか英語も通じない世界で、初日から業務をベトナム語で行い、宿はホームステイなのでこれまたベトナム語漬け。一時期赤痢に罹患してやせ細ったが頑張ってくれた。頼もしい一国一城の主である。

手延べうどんの小型業態「水山」のベトナム（ホーチミン）1号店

社内研究会立ち上げ

サガミは麺屋だが、中でも蕎麦屋だと言える。そこで蕎麦を深く勉強する社内研究会「蕎麦ラボ」を立ち上げ、蕎麦打ちの資格取得を奨励し、蕎麦打ち体験のできる「蕎麦工房」も開設した（現在は閉鎖中）。

調達先も広がり、現在は国産に加えていくつもの国から玄蕎麦を輸入している。米国では2つの州から輸入してきたが、縁のあるネブラスカ州の産地を視察した際には、州政府が無料で小型飛行機を手配してくれた。

日本では一般に蕎麦を食べるのは日本人くらいではないかと考え勝ちだが、実際は丸い数字で約13万トン、一方、世界の生産量は約250万トンだ。

一人当たりの年間消費量は、大凡の数字で日本は1キロだが、フランスは2キロ、ロシアは5キロ。スロベニアのように10キロの国もある。

蕎麦には毛細血管の内面壁の柔軟性を維持する、ポリフェノールの一種ルチンという物質がある。人間一人の血管を全て繋げると10万キロメートルになるそうで、赤道2周半の長さだ。太い血管が詰まると命に関わるが、毛細血管の若さは寿命に影響するとされ、老化は血管からとも言われているようだ。このルチンが普通蕎麦の約100倍入っている「韃靼《だったん》そば」という品種があるが、これは別名「苦蕎麦」ともいわれるほど苦いので、配合率を下げて提供する必要がある。

しかし、農業・食品産業技術総合研究機構（農研機構）が開発した韃靼そばの一種「満天きらり」という品種はルチンが約100倍入っているのはそのままに、苦くないという優れものだ。これを当社では北海道で契約栽培している。「蕎麦ラボ」では他の機能性についても研究中だ。2019年5月の、学会での大学教授との共同研究発表も一つの成果だ。また、社内でモニターを10

0人募った研究も進めた。私も参加したが、「満天きらり」の蕎麦の実を食べる「蕎麦ダイエット」の被験者となり、私の場合は10キロの減量と腹囲8センチの改善に成功し、昔の背広が着られるようになった。

蕎麦に含まれるリポ多糖類（LPS）という機能性物質は免疫細胞マクロファージを活性化させると言われている（2018年10月16日のテレビ番組「この差って何ですか」）。もともと蕎麦枕は安眠に資すると言われていることもあり、蕎麦は新型コロナ禍で不安が広がる不透明な時代にあって福音とも言える存在なのだ。蕎麦のリーディングカンパニーとして、当社はこの点をもっと訴求していきたいと考えている。

「満天きらり」の契約農場（左は弊社伊藤修二社長）

ネブラスカ州政府手配の飛行機

名古屋の「藤裔会」

名古屋でいくつかの会に入れさせていただいている。「藤裔会」は藤原鎌足の末裔の会だ。松坂屋伊藤家の伊藤卓雄氏が会員とうかがい、ご紹介をお願いした。中京支部長・橋本孔夫氏のご実家は、皇女和宮のご生母・観行院（橋本経子）のお家柄だ。会の例祭は中臣氏、藤原氏の氏神を祀る春日大社で行われるが、中京支部での集まりもある。

五摂家は皆藤原家だが、お互いに藤原さんと呼ぶ訳にも行かず、居宅のあった通りの名前や地名で呼びあったのがその名字の始まりだそうだ。伊藤、加藤などはもとより、「藤氏一族」の名字は多く、「藤原氏族姓氏一覧」は「一覧」と言いながら実際は分厚い本である。日本の名字は源平藤橘の流れが多いそうだが、中でも藤原家が最大とされている。

入会を機に、系図を頼りに鎌田家のルーツを調べてみた。鹿児島県姓氏家系大辞典によると、藤原の家系で最初に鎌田姓を名乗ったのは鎌足13代公清の3代助清の次男通清で、源為義に仕え、現在の静岡県磐田市御厨村鎌田に居を構えた。

そこには鎌田神明宮がある。伊勢から豊受大神が渡御された651年に創建され、鎌、鋤《すき》、鍬《くわ》などが宝物の神社で、その地を鎌田と称する。私の名字と同様に「カマダ」と読むようだ。

通清三男の光政は源義経に仕えて、扇の的を射抜いた那須与一で知られる屋島の戦いで戦死し、その子政佐が1186（文治2）年に源頼朝の庶子ともされる島津家初代の島津忠久に従って薩摩入りしている。鎌田家は歴代島津家の要職を務めてきたそうだ。跡継ぎがいなかった時に、薩摩藩初代藩主家久公の九男と、2代藩主光久公の七男に続けて来てもらっているので、それなりの家格だったのだろう。確認はできていないが、江戸時代には家老職を務めたという資料もある。

名古屋に来て初めて、何故曽祖父の冲太が鹿児島にいたのかが判明した。冲太は生来歴史への関心が高く、老後は念願していた歴史に対する研究に没頭した。本書（13ページ）で紹介した「秩父暴動実記」は上梓されたが、それ以外にも「西郷隆盛伝」なども執筆したようだ。

写真の系図は専門業者に解読を依頼した。四代将軍家綱から松平の名字と「綱」の一字を賜って改名した綱貴公（島津家20代、薩摩藩第3代藩主）から鎌田家の家系図調査を指示され、完成時に藩公の閲覧に供したので、みだりにこの系図を他見・書写させないと書かれているのだそうだ。

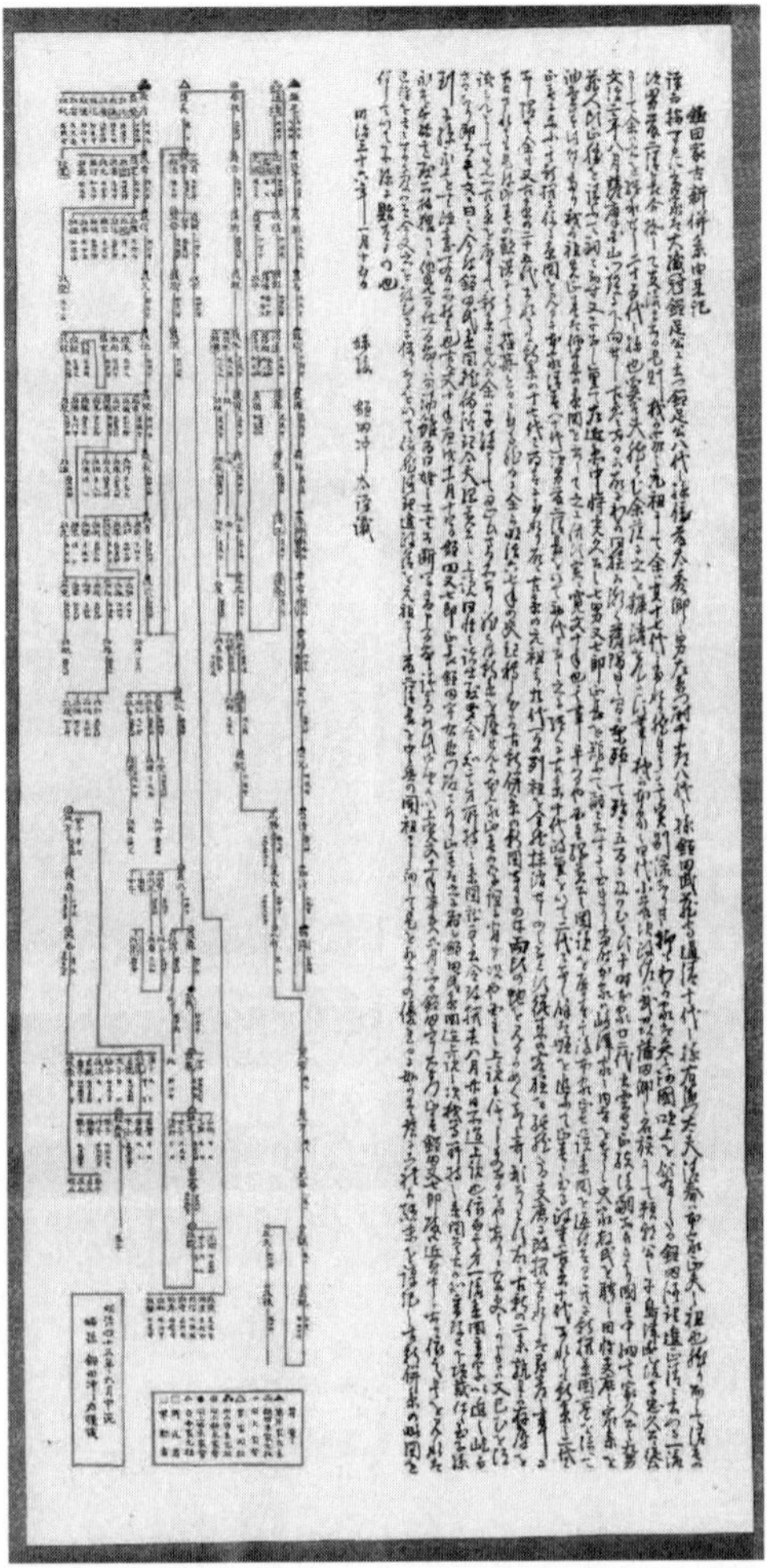

曾祖父、鎌田冲太が明治36年に著した、鎌足からの系図

名古屋ドイツ会

名古屋にドイツ語圏在住経験のある方が結構おられることがわかり、「名古屋ドイツ会」を結成した。言い出しっぺということで会長を仰せつかっている。２０１４年の発足で、今は「東京支部会」もある。

名誉会員で名フィル理事長も務められた神尾隆前在名古屋オーストリア共和国名誉領事は２０１７年に同国から「有功栄誉金賞第一級騎士十字章」を受賞され、名古屋で開催された駐日大使からの授与式に私も出席させていただいた。

ドイツについて精力的に情報発信されているのが、東京支部の大野彰得氏だ。インクジェット技術の専門家だが、氏のブログ「誰も知らないドイツの町」というシリーズではドイツ好きの私が聞いたことのない所がいくつも取り上げられていて、叙勲に値するのではないかと思っている。

7人で始まった会員は80人ほどになり、音楽家の方々も多い。楽器は鍵盤楽器、弦楽器、管楽器はもちろん、パイプオルガンや古楽器のリュートと多岐にわたり、東大卒のギタリストもおられる。また、声楽の領域も広がり、作曲家や指揮者、そして在独会員で元ベルリンドイツオペラ奏者もおられる。

芸大首席卒業、ドイツの音楽大学大学院を最優秀で卒業、ドイツ国家演奏家資格、コンクール一位、コンサートマスター、名フィル団員、二期会会員、大学教授、大学名誉教授などと実に多彩で、極めて高いレベルの方々ばかりだ。3人全員が会員というトリオもある。また、会員同士の結婚を定例会で祝ったことがある。

パパロッティに師事されたソプラノの百々あずささんには、私の第二の故郷であるドイツとイスラエルの両方に駐在された外交官の方を紹介していただいている。両国に駐在された外交官は多くはないのだろう。会員の皆さんのネットワークの広がりは大変なものだ。

　折角なので「名古屋ドイツ会演奏会」を開催するべく準備を始めたが、中断している。しかし、会員で音楽に造詣の深い長谷川友之氏（元ブラザー工業常務、前ニッセイ社長）がセントラル愛知交響楽団の理事に就任されたこともあり、新型コロナ終息の暁には会員の力を結集したコンサートを開催したいと考えている。日経の「交遊抄」で名古屋ドイツ会を紹介する機会を得たのは、長谷川さんのご紹介で同じく日経の「こころの玉手箱」に登壇させていただいたからで、個人としても感謝しているが、会にとってもありがたいことだ。

　会が順調に発展しているのは幹事団のお蔭だ。「交遊抄」でご紹介した竹田正樹氏、中村芳博氏の他、元名古屋三越の貴志浩司氏や元東芝の吉原和昭氏にはいつも助けていただいている。

2018年（平成30年）3月15日（木）　日本経済新聞

交遊抄

ドイツ会の絆

鎌田　敏行

大学生の時に就業体験をしたドイツのことが今でも忘れられない。ケルンに住み、クラシック音楽など文化の深みに圧倒された。伊藤忠商事時代には米国やイスラエルでも勤務したが、ドイツへの思いは格別だ。

ドイツへの思い入れは人一倍と自認しているが、それを上回るのが大野インクジェットコンサルティング代表の大野彰得さんだ。友人に紹介されて会い、ドイツへの造詣の深さに驚嘆した。会うと二人して東独国歌を口ずさむ変人仲間だが、豊富な知識にいつも圧倒される。

そんな大野さんが名古屋に出張で来たのを機に「名古屋ドイツ会」が結成されたのは2014年のことだ。オーストリアなども含むドイツ語圏在住経験者が名古屋にもたくさんいることが分かり、大野さんら在京会員も含めて年に4回交流する会を開いている。

私は会長だが名ばかりで、会が続いているのは名古屋証券取引所社長の竹田正樹さんやNTTPCコミュニケーションズ取締役の中村芳博さんらの幹事団のおかげだ。初参加の人でも最初から旧友のように語れるのが心地良い。オペラに造詣の深いニッセイ社長の長谷川友之さんの声がけで、プロ演奏家の会員も増えた。アマ会員も含め、いつか「名古屋ドイツ会コンサート」を聞きたい。

（かまだ・としゆき＝サガミチェーン会長）

2018年3月15日の日経「交遊抄」

指揮とファゴットの今木智彦氏とピアノの前田佑里さん。
定例会でご結婚を祝して。

CSV・SDGs・ESG経営

「私たちは、『食』と『職』の楽しさを創造し、地域社会に貢献します～すべてはみんなのゆたかさと笑顔のために～」。当社は、2018年のホールディングス体制への移行を機に経営理念を改定し、CSV・SDGs・ESG（共通価値の創造、持続可能な開発目標、環境・社会・ガバナンス）経営を標榜している。一言でいうと、「売り手よし、買い手よし、世間よし」の三方よしで、近江商人の精神そのものだ。

当社のビジョンはNo．1ヌードル・レストラン・カンパニーだが、No．1といっても、いたずらに規模を追うのではなく、店舗ごとに地域一番店に向けて沢山の「ありがとう」をいただいて自然体で地道に成長する集団を目指している。

ＳＤＧｓでは当社１社でもささやかながら17の分野でなにがしかの貢献はできているが、世界で各組織が少しずつでも貢献していくことで大きな成果につながるのだろう。

その際に大切なことは、社会に貢献しつつ長続きするように、取り組みを収益化していくことだと考えている。ブルーオーシャン、レッドオーシャンという言葉があるが、これはグリーンオーシャンであり、ＤＸならぬ、グリーンのＧＸだ。当社はこれにも地道な努力を続けていく。

ガバナンス面では社外役員比率、女性役員比率は既にかなり高い。また、経営の透明度を高めるため、指名委員会ができるまでは代表取締役の信任投票を無記名で行なっていた。面と向かって上司にノーとは中々言いにくいものだ。そこで○△×の右にレ点を入れるだけとしたので、筆跡は決して分からないから本音を言える。

伊藤忠商事元社長の丹羽宇一郎氏には前述の通り顧問をお願いしている。毎月の取締役会では役員が言いにくいかもしれないことを代弁してくださったり、大所高所からのご指導を頂戴している。元々サガミの改革は、丹羽さんから受けた薫陶を自分なりに解釈して進めたもので、丹羽さんには本当に感謝している。

経営は人次第なので、人材育成にも注力している。結果として自発的に勉強したり、資格を取ったりする人が増え、MBAや日経TESTで870点を取ったりする人も出てきた。実に嬉しい。

最近、改革の流れでさらに嬉しい展開があった。当社の「〝サガミ純鶏〟名古屋コーチン味噌煮」が宇宙食として2020年8月にJAXAからプレ認証を、そして2021年1月に正式認証を受けたのだ。外食企業の製品が「宇宙日本食」として認定されるのは初めてとのことだ。

代表取締役　信任投票用紙

1. 「賛成」「棄権・保留」「反対」の意思表示を下欄の右空欄のいずれかにチェック☑を記入
2. 投票は無記名にて実施
3. 投票箱は経営企画部に設置
4. 集計は経営企画部にて実施

賛成○	
棄権・保留△	
反対×	

代表取締役を対象とした投票用紙

宇宙食のパッケージ

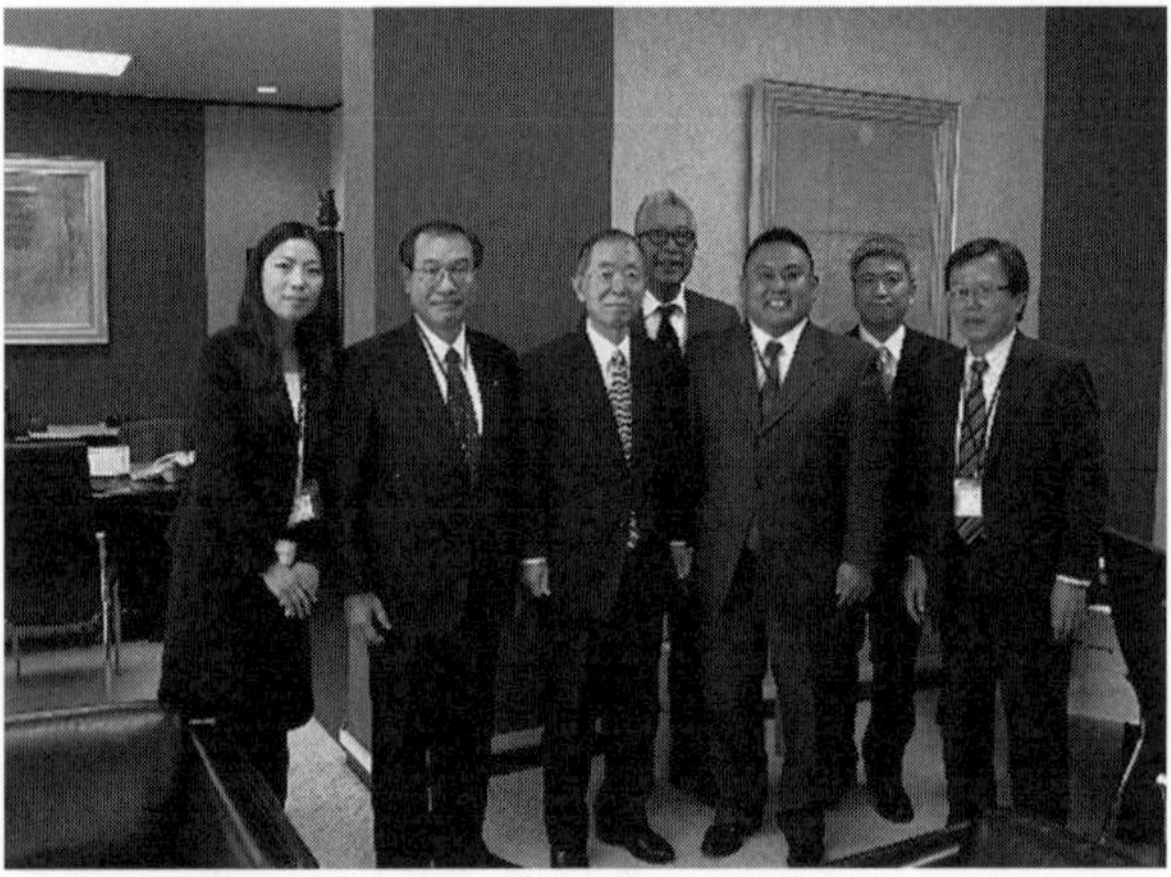

丹羽大使を北京に訪ねて
左から３人目が丹羽大使、２人目が筆者
４人目が小林佳雄物語コーポレーション会長・CEO（当時）、
６人目が青山尚正（株）昭和専務（当時）

サガミのこれから

外食産業市場規模は２０１１年の22・８兆円を底に、２０１９年まで微増ずつではあるが８年連続して回復傾向にあった。インバウンドを３，６５０万人と見込むと、１日あたり通年で10万人の人口が増える計算で、平均７日滞在だとこれが70万人となる。しかし、人口減少は確実に進む。他業界もそうだが、長期的な人口の自然減は日本の歴史で初めてのことで、産業界全体で大きな地殻変動を起こすこととなる。

日米の飲食店舗数はここ数年（２０１３〜16年）安定して共に65万店位だが、米国の人口は日本の２・６倍だ。中国では同じ期間で約４００万店から約６００万店と急速に店舗数が増えているが、それでも日本との比較では６倍だったのが９・３倍になっただけで、人口比の11・１倍よりは緩やかだ。日本の外食は過当競争にあり、サービスは世界一レベルなのにサービス料が殆どない不思議な世界だ。

過当競争の国内市場で人口が減少する。一方、海外では、ＡＳＥＡＮやアフリカの人口が増加する。平均年齢も若い。こうした環境下、進むべき方向が国内での連携と海外進出となるのは必然だ。和麺は急激な伸びは期待できないが、高齢化が進む中、安定した需要が見込める。企業の成長は自力成長に加えて他社との協力関係の構築にある。

２０１９年７月に本社を移転して、２ヶ所に分かれていた本社機能を統合した。旧本社とメニュー開発部門が車で１時間の距離に離れていた状態が30年以上続いていたわけで、今までよくやってこられたとも思う。見方を変えれば、それだけブランド力、底力があるといえよう。内包された力の大きさを考えると、今後の発展の余地大である。

先ほどの宇宙食は社員の発案だ。静岡県焼津市の石田缶詰さん、神奈川県の相模女子大学さんとの共同開発商品で3年がかりの開発だった。何度も断念しかかりながら、実現まで取り組んでくれたのが素晴らしい。こうした、「やるならトコトン」の力が社員から湧き起こって来たのが実に頼もしい。これからのサガミグループの明るい未来を示しているようだ。

当社は日本経済を牽引する二大経済圏である首都圏（味の民芸）と中部圏（サガミ）にそれぞれ本社のある麺主体の企業が一体となった会社であり、経営陣の座標軸は「より良きサガミを次世代に」である。創業の1970年から2020年までの50年間でご来店いただいたお客様の数は約5億人だが、次の50年間での目標は100億人のお客様から「ありがとう」を頂戴することだ。これからの50年間、毎年平均して2億人にご来店いただく計算となる。人口が減少する中、今の20倍の達成は大変だが、目指しがいのある目標だ。

本社機能を統合した新社屋

50周年記念誌

「共創　和や会」

２０２０年10月に「共創 和や会」を立ち上げた。当社は他社がそうであるように、１社単独で勝ち残っていきたいと考えていた。しかし、値上げが難しい環境が続く中で食材&資材が値上がりし、人件費も上昇するという三重苦は当分続くと考えなければならない。そうした中で起こったのが新型コロナの問題だ。

仮にパンデミックが収まったとしても、人口が減少し、市場も縮小することが明らかな以上、同業他社との連携を進めるべきではないかと考えたのだ。周りを見回してみると、食品業界でもビール会社同士、食品メーカー同士が物流や製造でも協力し合っている。外食だけが独立独歩である理由はないのだ。

ただ、あまり厳格なルールをつくると大きな成果は期待しにくい。そこで、テーマ毎に自由に参加する方式で緩やかな連携を目指すこととした。

日本の中央部で「食」を提供する会社10社でスタートしたのだが、営業面ではお互いに切磋琢磨つまり「競争」するが、後方部門など協業できる分野では「共創」し、そして「なごや」に本社のある会社が多い「和やかな会」というのが会の名称であり、名は体を表している。後方部門での協業という点では、「サガミ」と「味の民芸」の合流での経験がある。重要な食材で調達価格や条件が違っていたのだが、それを揃えることでコスト削減に繋がったのだ。

コロナ禍で会合がままならない状態が続いているが、新聞やテレビで取り上げていただいていることもあり、共同販促や共同購買で成果が出始めている。

会の原点は、協力できればプラスが期待できるし、仮に何もできなくても誰も損をしない、ということだ。企業数が多いと意見調整が大変なこともあり、自然体で輪を広げていきたいと考えている。

コロナ禍の影響は甚大で、その衝撃度はリーマンショックを遥かに超える。会では、行動変容が求められる現在、様々な意見、提案が出ている。昼休みを12~13時の1時間に固定するのではなく、時間帯を広げて店舗での「密」を避けるとか、国内市場規模で外食は旅行より大きいか同じである一方前回のＧｏＴｏ事業ではトラベルがイートより一桁大きかったので次回は少なくとも同等にして欲しい、などなどだ。会ではこうした情報発信も視野に入れて活動していきたいと考えている。

2020年10月9日　中部経済新聞

中部外食10社、調達や物流で連携

業界団体「共創　和や会」発足　コスト削減狙う

サガミホールディングス（名古屋市）や木曽路（名古屋市）をはじめとする中部の外食チェーン10社は8日、食材・機器の共同調達や物流で連携するため、外食関連業界団体「共創　和や会（きょうそう・なごやかい）」を設立した。代表にはサガミホールディングスの鎌田敏行会長が就いた。希望する企業があれば、順次、参画企業を増やす。

16日から参画企業8社の共同クーポンを配布する

発起メンバーは、歌行灯（桑名市）、木曽路（名古屋市）、サガミホールディングス（同）、JBイレブン（同）、スガキコシステムズ（同）、杉本食肉産業（同）、マリノ（同）、ほか3社は非公表。

人口減や中食との競合など取り巻く環境が変化する中、外食産業は人件費や食材価格の上昇を受け利益を確保しづらい状況下にある。同会はコロナ禍以前の昨年から設立を計画。参加各社は食材やレジなどの機器を共同購入し、値段を抑えるなど間接分野で協力し合う。

団体の発足を記念して、同会に所属する8社は割引などのクーポンを発行する。16日から顧客来店時に配布する。また、6社はお歳暮などのギフトパンフレットを製作し、販促面で連携する。

「和や会」という名前には、各社が基盤としている「名古屋」の会であることと、そして、「和やか」に協力し合える仲との思いを込めた。今後は月に1回程度、情報交換の場を設けていく。

設立を報じる中部経済新聞の記事

サガミの「フクロウ」

ドイツの哲学者ヘーゲルは「法の哲学」の序文で、「ミネルヴァのフクロウは迫りくる黄昏に飛び立つ」と書いている。ミネルヴァはローマ神話の知恵、医学、工芸などを司る女神で、知恵の象徴とされるフクロウを従えている。

デジタル化の進展で写真フイルムの需要が一気に蒸発し、今世紀に入ってからポラロイドやコダックなどが倒産した。そうした中で最高益を出している富士フイルムは2006年に先進研究所を設立しているが、そこの正面の壁面には飛び立つフクロウの像が、中のロビーにはミネルヴァの像があるといわれる。

当社とは規模も大きく異なり、こうして言及するだけでもおこがましいことは重々承知している。しかし、来るべき新たな戦いに備えて、ミネルヴァはフクロウを飛ばし、黄昏を迎えた文明を総括してまとまった知恵とした、とされている。この研究所が全社を牽引したいという意思を感じ、はなはだ勝手ながら深い共感を覚えている。

外食市場は縮小こそすれ蒸発はしないが、業界を取り巻く環境が急激に変化していることは間違いない。そこで、当社でできることを考え、社員を他社に派遣することとした。新型コロナ禍を受け、売上が大幅に減少するので固定費の削減は待ったなしだ。しかし、人件費を削減するために出向するとなると士気が維持できない。そこで、優秀な社員を選りすぐって1年程他社に出向してもらうこととした。どうせ出向するならば、そこでフクロウのように大きな目で他社、他業界を見てきてもらうのだ。

私はかねてから、Π字型人間になろう！　と社員に呼びかけて来た。まずはT字型で、これは横棒は広く浅くと、縦棒は一分野（当社では外食）での深い知識を持ち、経験を積むというものだ。この深掘りする縦棒を2本にすると複眼視できることになるはずだ。「サガミ語」に加えて他社の言葉も話せるようにしたいのだ。円周率πの大文字Πはまさにこれを象徴している。

幸いなことに大型店と小型店の小売、食品メーカー、物流など8社が10人を受け入れてくださった。1年で外食と同じ長さ太さのΠの縦棒にはなりえないが、転んでもタダでは起きない強さのある若手社員が戻ってくるのが楽しみだ。その暁には当社の新規事業や重要なポジションで迎えることとなる。出向者と経営トップ3人との情報交換会を毎月開催しているが、いいヒントを得られている。

添付した絵は私がパレスチナで見つけたものに手を加えたものだ。時代の変革の波（鳥・イスラエル・新型コロナなど）が来襲しても、先回りしてその首根っこを押さえていれば飲み込まれることはない、という強かさの象徴だ。当社もそうありたい。

ルーブル美術館の『ミネルヴァとフクロウ』

鳥と蛙（サガミ魂）

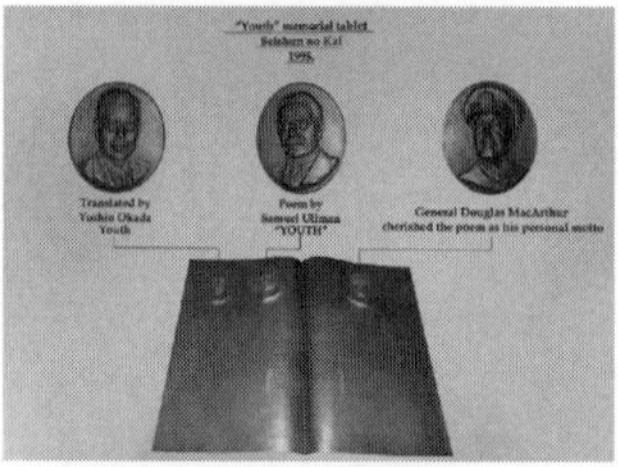

マッカーサー元帥執務室（第一生命ビル）のウルマンと元帥の銘盤。「青春の詩」は元帥の座右の銘でもあった。

あとがき

　半生を振り返る機会を戴き、自分がいかに多くの方々に助けられてきたかを改めて痛感しました。本当にありがたいことで、お世話になった方々に感謝するにもしきれません。しかし、恩返しをしようにも、もう居られない方々にはどうすればいいのでしょうか。それは、やはり次の世代にするしかないのだと思っています。上司への恩返しは部下に対して、親への恩返しは子どもに。どこまでできたか、できているかは別として、その気持ちはこれからも持ち続けたいと考えています。

　親といえば、父が健在であったならば、私は次男ですが、子煩悩な父は私の長期の海外滞在を許してくれなかっただろうと思います。そう考えると、私の海外体験はある意味父の遺産とも言えることになります。実際、人生の岐路で判断する際には、天井から錘の付いた紐を垂らし、自分のしようとしていることとずれていないかを考えるようにしていました。錘の方向は父がどう考えたであろうか、ですが、要は天意です。

私は普通の人間なので垂直な「紐」からは外れっ放しではありますが、そうした気持ちだけでもあれば、人生を最後に振り返った瞬間に、それなりの満足度が得られるのではないかと考えています。

ここで、家内に触れることをご容赦ください。執筆・連載の最中の9月に、家内の葉子が突然病に倒れてしまいました。朝食のあと、近所の薬局で薬を買ってきてくれるように頼んでいたのに、中々出掛けないので不思議に思っていたところ、急に倒れてしまったのです。

丁度、東京に出張していて、自宅にいた時だったのですぐ救急車を呼べましたが、家を出たあとだったら気が付くのが大幅に遅くなったことと思います。

大切なものは失って初めてその大切さに気が付くと言われます。普通の健康と、夫婦のごく平凡な日々がすぐには戻ってこないこととなってしまいました。振り返ってみると、ニューヨークで妊娠した家内が日本で産むことを希望したので1年程、イスラエル単身駐在の7年半、そして名古屋での単身生活が現在も続いていて既に丸14年となるので、結婚生活46年の内、半分近く別々に生活していたことになります。

私は外で単身生活を送っても、家に帰れば、子どもを育て、孫の面倒をみる家内がいてくれました。その家内が入院生活となってしまったので、東京の自宅に戻っても単身のまま。こんなに寂しいことはありません。

思えば、イスラエル時代は年に2度、名古屋からは月に2度程の帰郷（か東京出張）で顔を合わせるだけで、あとは仕事に集中できました。これも子どもたちの教育を一手に引き受けてくれた家内がいたからこそであり、今更ながらにそのありがたみを噛みしめています。家庭では人並みに、いや、私は自分のわがままさ加減を自覚しているので、間違いなく人並み以上に山あり谷ありでしたが、それもこれも夫婦の健康が大前提であることは言うまでもありません。

伊藤忠商事時代は毎晩深酒をして帰宅するといった生活を続け、また、20年以上も単身生活を続けていて、生涯を共にすると決めて結婚した相手の幸せをどこまで考えてきたのだろうか。こんなことが起こるとはゆめゆめ思わなかったとは言え、痛恨の極み以外のなにものでもありません。手術の翌朝、子どもたちと病院に行った時の家内の第一声は「薬を買えずにごめんね」でした。倒れてなお人のことを思う家内には心からの感謝状を進呈する次第です。

家内は健康を害して回復に時間がかかることになりましたが、家族の絆というかかけがえのない大切なものに改めて気づかせてくれました。そして、それを深めるきっかけとなったことを前向きに受けとめることとしました。

話しは変わりますが、私は前沢友作氏の月旅行に申し込んでいます。選定される可能性は限りなくゼロですが、宇宙で当社の宇宙食を紹介できればこんなにうれしいことはありません。先月90歳の人が宇宙に行ったので高齢記録は破れませんが、常に夢を持っていたいと思います。ウルマンではないですが、人間も組織も夢を失った時に老いるからです。

最後に、発刊まで随分と時間がかかってしまいましたが、この間、中部経済新聞社の安藤翔平氏には大変お世話になりました。執筆のお声がけを戴いた恒成秀洋社長、大橋昌寛編集局長を含め厚く御礼申し上げます。

令和3年11月吉日

筆　者

○日本

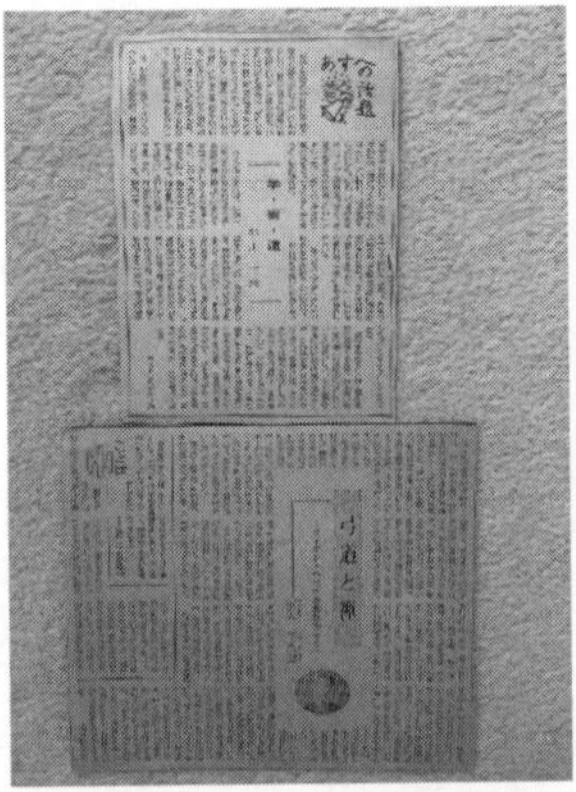

北川一栄住友電工会長の「あすへの話題」と安沢平次郎弓道範士十段の「弓道と禅」

新婚旅行出発前、羽田にて。右端は舟橋正夫古河電工社長。

大阪時代のピクニック。中央が筆者。

父（後列右）と筆者（前列右）、兄、妹と（大阪・御堂筋で）

家の傍の明治神宮で七五三

タヒチでの現地式結婚式

娘と孫娘に囲まれて

○ドイツ

大橋国一氏のお宅を訪ねて

カラヤン写真とサイン

ドイツ銀行ケルン支店（左）と大聖堂

ライプツィッヒの友人夫妻。
高級車ヴァルトブルクと。

ベルリンの象徴ブランデンブルク門、西側から

Göggingen baut Sporthalle und Schwimmbad

アウグスブルクの新聞
右端が市長、その隣が妹、その後ろが祖母

東西ベルリンの検問所、チェックポイントチャーリー

オーデコロンの本社。ナポレオンの部下が壁に 4711 と書いている。

属啓成氏の著書

大ドゥーデン辞書

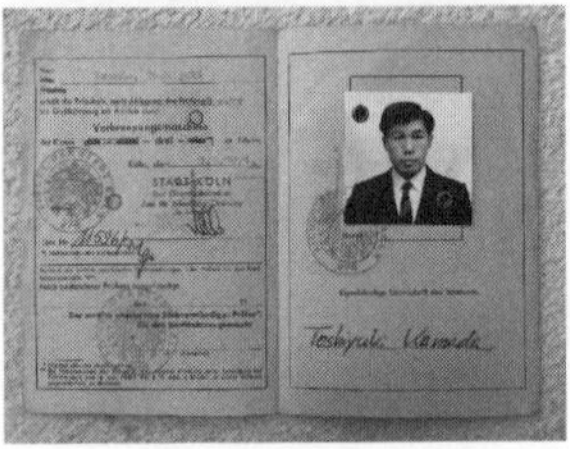

生涯有効の免許証

ローデンキルヒェンの学生寮

左の３人は修道女と友人。同じ名字で私はトリオ・ブロイアーと呼んでいた。
筆者の隣の女性は結婚して夫婦で来日、我が家に泊まってくれた。

○イスラエル

キブツの「遠足」で死海に

緑多いキブツの庭

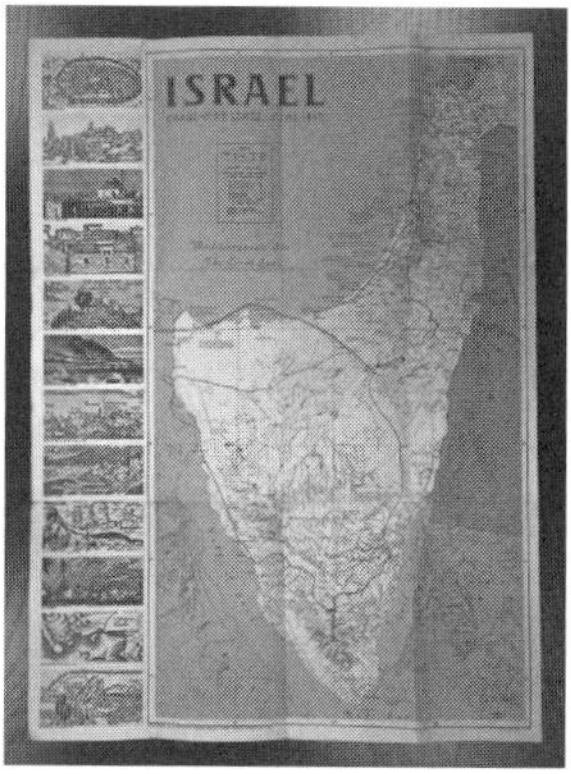

シナイ半島を返還する前の
イスラエルの地図

「ウルパン」の仲間達とハル
マゲドン(メギドの山)にて。
左から3人目。

キブツの食堂のベン・グリオン（奥、左から３人目）

キブツは国際色豊かだった

土手の穴潰しをする筆者（キブツ・スデ・ボケル）

豊かなキブツには工場もあった

表彰状

鎌田敏行殿

貴殿は長年にわたり日本イスラエルの貿易促進・産業興隆のパイオニアとして多大なる貢献をされ顕著な業績を挙げられました
よってここにその功績を讃えて心より表彰致します

2002年12月3日

駐日イスラエル特命全権大使
Yitzhak LIOR

日本イスラエル商工会議所
会頭
藤原宏夫

帰国の翌年、理事を務めたこともある日本イスラエル商工会議所から表彰状をいただいた。

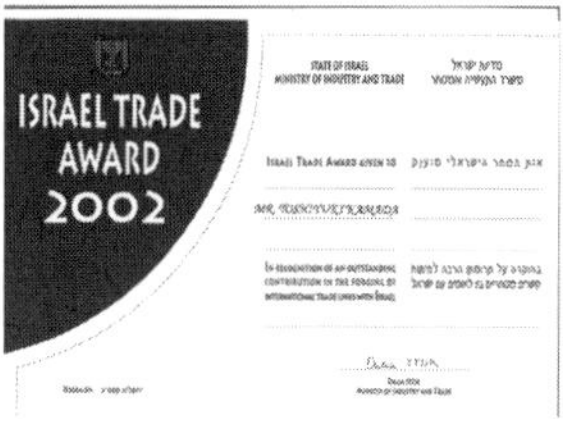

ISRAEL TRADE AWARD 2002

STATE OF ISRAEL
MINISTRY OF INDUSTRY AND TRADE

Israel Trade Award given to

MR. TOSHIYUKI KAMADA

In recognition of an outstanding contribution in the forging of international trade links with Israel

同じ2002年、イスラエル日本親善商工会からの表彰状。

ご自分が追記したベン・グリオンの書状を見るペレス大統領と筆者

Bradford大学大学院MBAの卒論を提出し、無事修了した。

ゴラン高原 PKO 部隊を慰問
する航空自衛隊をサポート
した（小牧基地から飛来）

シナイ山でご来光を仰ぐ

○パレスチナ

1994年7月、建設中の議長府（ガザ）

アラファト議長と（ガザ）

○アメリカ

クウェートとイラクでお世話になったペッグ・マーフィーさん（アメリカで再会）

ケネディ大使

コーネル大学。
ゴルフそしてクラスメートと。

コーネル大学　Statler ホール（ホテルスクール）にて

○その他

トロイの遺跡の一部

トロイの博物館

＊本書は中部経済新聞に令和元年九月二日から同年十月三十一日まで五十回にわたって連載された『マイウェイ』を改題し、新書化にあたり加筆修正しました。

鎌田 敏行(かまだ としゆき)

かまだ·としゆき　1974（昭和 49）年慶應大学経済学部卒。同年伊藤忠商事入社。2007 年サガミチェーン（現サガミホールディングス）入社。取締役、常務などを経て 11 年社長、17 年から現職。埼玉県出身。

中経マイウェイ新書　053

世界《せかい》は広《ひろ》い

2021 年 11 月 25 日　初版第 1 刷発行

・

著者　鎌田《かまだ》 敏行《としゆき》

発行者　恒成 秀洋　発行所　中部経済新聞社

名古屋市中村区名駅4-4-10　〒450-8561
電話 052-561-5675(事業部)

印刷所　モリモト印刷株式会社　製本所　株式会社三森製本

ISBN978-4-88520-238-4